Der Autor

Michael Korth lebt seit 33 Jahren in seinem abgelegenen Forsthaus im österreichischen Waldviertel, schreibt Bücher wie »Der Junior Chef« und »Das Lexikon der verrückten Dichter und Denker«, dichtet Theaterstücke und Musicals (»Der Kopf des Joseph Haydn«, »Schwejk« u.a.) und arbeitet für den ORF und bundesdeutsche Rundfunksender. Seine Werke wurden in fünfzehn Sprachen übersetzt.

Von Michael Korth sind in unserem Hause erschienen:

Weniger ist mehr
Auch das geht vorbei
Die Kunst der Bescheidenheit

Michael Korth

Weniger ist mehr

Das Mantra der Bescheidenheit

Ullstein

Besuchen Sie uns im Internet:
www.ullstein-taschenbuch.de

Allegria im Ullstein Taschenbuch
Herausgegeben von Michael Görden

Ullstein Taschenbuch ist ein Verlag der
Ullstein Buchverlage GmbH, Berlin.
Neuausgabe im Ullstein Taschenbuch
(überarbeitete Ausgabe von
»Die Kunst der Bescheidenheit«)
1. Auflage April 2011
© 2011 by Ullstein Buchverlage GmbH, Berlin
Umschlaggestaltung: ZERO Werbeagentur, München
Satz: Keller & Keller GbR
Gesetzt aus der Goudy
Papier: Pamo Super von
Arctic Paper Mochenwangen GmbH
Druck und Bindearbeiten:
GGP Media GmbH, Pößneck
Printed in Germany
ISBN 978-3-548-74522-0

INHALT

Für Nina und Markus
und meinen alten Freund Gerald Blaich

Das wahre Glück
ist die Genügsamkeit

Johann Wolfgang Goethe

Während sich die meisten Zeitgenossen nach Erfolg und Reichtum sehnen, gibt es hin und wieder Menschen, die mit dem zufrieden sind, was sie haben. Verblüffend war eine Pressenachricht im März 2004: Ein Lottogewinner aus Dortmund war sich nicht sicher, ob er seinen Gewinn von neun Millionen Euro überhaupt haben wollte. Erst nach zehn Wochen des Nachdenkens erschien er bei der Westdeutschen Lotteriegesellschaft in Münster und informierte sich über das ihm zustehende Geld. Soviel stoische Gelassenheit war den West-Lotto-Leuten geradezu unheimlich. Als Begründung für sein Zögern sagte der Glückspilz, er wollte sich »erst mal alles in Ruhe durch den Kopf gehen lassen«. Doch nicht nur das. Er hatte sogar lange überlegt, völlig auf das Geld zu verzichten. Er konnte sich erst mit dem Gedanken an die neun Millionen anfreunden, als ihm klar wurde, dass man mit soviel Geld auch viel Gutes tun könne.

Nun wäre es natürlich spannend zu wissen, welche große Seele sich hinter dem Unbekannten verbirgt. Welchen Beruf hat er – oder war er bereits durch Erbschaft reich? Was hat seine Frau zu seinen Überlegungen gesagt? Was ist mit seinem

Lottogewinn geschehen? Und die wichtigste Frage: Wie ist der Mann zu dieser geistigen Reife und erstaunlichen Bescheidenheit gelangt?

Das bringt mich auf den Gedanken an den geheimnisvollen Spender, der jedes Jahr der Stadt Görlitz an der deutsch-polnischen Grenze eine halbe Million Euro zur Erhaltung des historischen Stadtbildes spendet – mit einer einzigen Auflage: Sollte jemals publik werden, wer der Sponsor ist, ist es mit dem Geldsegen vorbei. Einer der Nutznießer des Geldsegens ist die Evangelische Kulturstiftung in Görlitz, die mit der Unterstützung die Nikolaikirche, das Heilige Grab mit vier Kapellen sowie den Nikolaifriedhof mit 16 Grufthäusern und rund 700 Grabsteinen erhält. Die Vorstandsvorsitzende Margit Kempgen bedauert die Anonymität des großzügigen Spenders: »Ich würde gern zeigen, was wir gemacht haben. Dankbarkeit ist etwas, was man eigentlich jemandem persönlich sagen möchte.« Diese Bekundung wird den Geldgeber sicher freuen.

Dies sind zwei eindrucksvolle Zeugnisse von menschlicher Größe und wahrer Bescheidenheit. Sowohl der Lottogewinner als auch der anonyme Spender der Stadt Görlitz waren und sind sich darüber im Klaren, dass Reichtum nicht glücklich macht, wenn man sein Geld nicht für Gutes einsetzt. Sonst erwächst aus dem Wohlstand nicht nur die berühmte Millionärs-Langeweile, sondern auch Traurigkeit und Melancholie. Für Aristoteles Onassis war ein Millionär deshalb »oft nur ein armer Mann mit sehr viel Geld«.

Erstaunlich ist in diesem Zusammenhang auch die Beobachtung des Herausgebers des Diners-Club-Magazins Hans Christian Meiser. In Fünf-Sterne-Hotels erscheinen ihm die Gäste wie Elendsfiguren in Samt und Seide, deprimiert, freudlos und grau. Je weniger Sterne das Hotel allerdings aufzuweisen hat, umso fröhlicher werden die Gäste. Offenbar ist es also auch bei den Hotelsternen so, dass weniger mehr ist.

Opfer der Kaufsucht

Viele Menschen versuchen, ihrem tristen Arbeitsplatz oder dem ständigen Stress in Beruf und Privatleben durch Kurzreisen oder Shoppen in der Glitzerwelt der Konsumtempel zu entfliehen. Hier winken wundersame Erholung und schnelles Glück vom ungeliebten Alltag. Shoppen ist die Lieblingsbeschäftigung vieler Millionen Menschen rund um den Globus geworden.

Die meisten suchen nicht mehr die Erfüllung durch ein reiches Innenleben, sondern verschließen den Blick vor der inneren Leere und richten ihn sehnsüchtig auf den Reichtum der sofort greifbaren Dinge im Konsumtempel.

Auch wenn man nicht zu den wirklich Reichen gehört: Kreditkarte und Überziehungskredit machen es möglich. Depressionen, Stress am Arbeitsplatz, Alkohol-, Drogen- oder andere Süchte werden einfach weggeshoppt. Und je geringer das Selbstwertgefühl wird, umso stärker definieren sich viele Menschen über den Besitz von Produkten, von denen sie die meisten aber gar nicht brauchen, und die sie auch nicht glücklicher machen.

Denn je schneller man seine Gier durch die Kreditkarte befriedigt, umso größer wird sie, wie schon der große Psychologe und Karikaturist Wilhelm Busch erkannte: »*Ein jeder Wunsch, wenn er erfüllt wird, kriegt augenblicklich Junge.*«

Genau bei dieser menschlichen Schwäche setzen die Werbestrategen der Shoppingindustrie an. Der moderne Mensch hat sich vom Hirten, Bauern oder Handwerker, die sich vom langfristigen Planen und ihrer eigenen Hände Arbeit ernährten, zu einer Art modernem Jäger und Sammler zurückentwickelt, der alltäglich auf Erwerbstour durch die Einkaufspassagen und Supermärkte pirscht, immer auf der Suche nach einem glitzernden Stück Beute, einem Schnäppchen, einem stärkenden Imbiss oder einem belebenden Schluck. Shoppen hat mit dem früheren Einkaufen nur noch wenig zu tun. Es ist eine eigene Lebensform geworden, die auch zuhause problemlos am Computer fortgesetzt werden kann. Mit einem Klick holt man sich den Marktplatz der Welt auf den Bildschirm, kann Waren und Preise sekundenschnell vergleichen und ohne Geld in die Hand zu nehmen etwas bestellen. Ein paar Tage später bringt die Post die begehrten Dinge ins Haus.

> *»Ein jeder Wunsch, wenn er erfüllt wird, kriegt augenblicklich Junge.«*
>
> **Wilhelm Busch**

Die neue Weltreligion
des »Shoppismus«

Um diesen gigantischen Markt am Leben zu erhalten und weiter anzukurbeln, prasseln pro Tag rund 6 000 Werbebotschaften auf den Durchschnittseuropäer ein und wecken Wünsche nach glücksversprechenden Marken wie Prada, Harley Davidson, Chanel, BMW, Rolex, Apple oder McDonalds. Ein ganzes Heer von Psychologen, Marketingstrategen, Designern, Werbefachleuten von Tokio bis Kalifornien arbeitet rund um die Uhr daran, Sehnsüchte und Träume des Homo oeconomicus aufzuspüren, ihm Wünsche einzuflüstern, ihn mit meist überflüssigen Dingen zu ködern und ihm das schwer verdiente Geld vom Konto zu ziehen.

Diese Experten haben herausgefunden, wie das Gehirn auf die Produktpalette der Shoppingtempel anspricht und vier Hirnregionen orten können, welche die Gier anspornen.

1. In der rechten Hirnhälfte – medizinisch: »rechte mediale präfrontale Kortex« –, hat die Sammelleidenschaft ihren Sitz. Hier wird die Gier nach den Dingen ausgelöst, die weit über den wirklichen Bedarf hinausreichen: Das 17. schicke Hemd, das 27. Paar Pelzstiefelchen, der sechste Jaguar usw.

2. Die in der Stirn beheimatete *Brodmann-Region 10* wird durch Produkte gereizt, die hohes soziales Prestige versprechen: vom rotbesohlten Louboutin-Stiletto bis zur Prada-Tasche oder dem Porsche Carrera. Die Werbesprache nennt das den »Coolness-Faktor«.

3. Beim sogenannten »Angstkauf« werden Ängste des modernen Menschen für die Shoppingindustrie nutzbar gemacht. Die Angst, z. B. vor Übergewicht, Konzentrations- oder auch Potenzschwäche, unangenehmen Körpergeruch, hohem Cholesterinspiegel oder mangelndem Selbstwertgefühl. Diese Angst wird ausgelöst durch die *Amygdala-Drüse*.

4. Die »Nucleus accumbenes« genannte Hirnregion. Sie spricht auf Werbung an, die geheime Wünsche stimuliert. »Sex sells« wissen die Werbepsychologen und lassen daher halbnackte Mädchen auf edlen Motorrädern oder coole Cowboys im romantischen Westernlook in den Sonnenuntergang reiten.

Verblüffend ist, dass hippe Markenartikel laut medizinischem Befund genau die gleichen Hirnpartien beflügeln, die auch religiöse Gefühle auslösen. Da Shopping und Religion offenbar eng miteinander verwandt sind, wird von den Werbestrategen, den Propheten der modernen Weltreligion des »Shoppismus«, die Erfahrung uralten Priesterwissens imitiert, um dem modernen Menschen den Glauben an das goldene Konsumkalb des 21. Jahrhunderts einzuimpfen. Die Supermärkte werden zu Kathedralen des Konsums, wo via Bildschirm, aber auch live, charismatische Prediger und schöne Priesterinnen des »Shoppismus« die glücksverheißenden Devotionalien anpreisen. Oft so gekonnt, dass ein Kaufrausch auf Markenartikel entsteht.

Klug ersonnene Gründermythen umgeben Edelmarken und ihre Anbieter mit dem Geheimnis der Auserwählten. Symbole und Rituale verbinden die Fans einer bestimmten Marke zu einer verschworenen Glaubensgemeinschaft, die sich weltweit an ihren Accessoires erkennt.

Die modernen Marketingpriester nutzen die Erkenntnisse von Hirnforschung und Psychologie, um alle Sinne der Käufer zu stimulieren. So empfinden z.B. rund 50 Prozent der Kunden, die in Baumärkten versprühten frischen Grasduft schnuppern, den Service des Unternehmens professioneller als bei der geruchsneutralen Konkurrenz. Edelautomarken durchduften ihre Wagen mit sportlich-männlichem Motor-Odeur, der Testosteron und Kaufreize in Wallung bringen soll.

Noch wichtiger als der Geruchsinn ist das Gehör. Der Marketingexperte Martin Lindstrom meint: »Der Rhythmus von Hintergrundmusik in Geschäften muss langsamer als die Herzfrequenz sein. Denn so verbringen Kunden mehr Zeit im Laden.« Das heißt: Damit bleibt mehr Zeit, sie mit schönen Dingen zum Kauf zu verführen und den Umsatz zu steigern.

Die optische Wahrnehmung wird in den Supermärkten sehr differenziert eingesetzt. Um Schnäppchenjäger zu ködern, verlocken Rabattreklamen zur Jagd nach scheinbar supergünstigen Angeboten. Zudem verkaufen sich palettenweise angebotene Bücher, Wein, Stofftiere oder Hemden besser, weil sie so wie Sonderangebote wirken. Der Schnäppchenjäger tappt in die geschickt gestellte Falle und wird so vom Jäger zur Beute der Marketingstrategen.

Der Psychiater Michael Musalek bringt das Phänomen der neuen Weltreligion des »Shoppismus« folgendermaßen auf den Punkt: »Früher sprach man noch von Lebensgestaltung. Heute konsumiert man auch Leben und lässt die eigene Welt von anderen gestalten.«

WARUM WENIGER MEHR IST

Sokrates sagte beim Anblick zum Verkauf ausgelegter Luxus-
artikel: »*Wie vieles gibt es doch, was ich nicht nötig habe.*«
Gerade jetzt in der Vorweihnachtszeit, wo ich diese Zeilen
hier schreibe, wird die Jahrtausendweisheit des großen Philosophen besonders deutlich. Der »Shoppismus« beschert uns
durch die Inflation der sofort verfügbaren Konsumgüter eine
im wahrsten Sinne des Wortes atemberaubende Dynamik.
Megatonnenweise werden Waren rund um den Globus ver-
schickt, um in weihnachtsfrohen Westlern Begehrlichkeiten
zu wecken. Wer Sokrates' weisen Satz beherzigt und für sich
nutzbar macht, wird sofort auf Distanz zum Tanz ums goldene
Konsumkalb gehen.

Wiggerl Schulz, ein benachbarter Unternehmer, sagte auf
meine Frage, ob er im Weihnachtsstress sei: »Dieses Jahr nicht.
Seit Jahren will ich mich von dem Irrsinn ausklinken. Diesmal
habe ich es geschafft, indem ich allen Freunden, Verwandten,
Kunden usw. ankündigte, dass sie von mir keine Weihnachts-
geschenke bekommen würden. Nur meine Töchter bekommen eine kleine Aufmerksamkeit. Jetzt bin ich völlig gelassen
und freue mich auf die Weihnachtstage.« Wer weniger Stress
ausgesetzt ist, hat mehr Lebensqualität.

Der römische Philosoph Epiktet sagte sehr klug: »Alles hat
seinen Preis.« Der Preis für die, die ihr Leben konsumieren

und sich die eigene Welt von anderen gestalten lassen, ist Stress rund um die Uhr, Sorgen um überzogene Bankkonten, Angst um den Arbeitsplatz, Überlastung im Beruf, Schlafstörungen, ständige Erschöpfung und eine Palette von Wehwehchen, die sich schließlich zu ernsthaften Krankheiten auswachsen. Menschen, die die Ursachen ihres Unbehagens suchen, werden feststellen, dass der Leitgedanke dieses Buches in den meisten Bereichen des modernen Way of Life hilfreich ist. Weniger ist tatsächlich oft mehr. Ich bringe ein paar Beispiele.

> *»Wie vieles gibt es doch, was ich nicht nötig habe.«*
>
> **Sokrates**

Einer meiner Bekannten, ein Landwirt, arbeitet seit 25 Jahren daran, seinen ohnehin bedeutenden Besitz zu vergrößern. Das kostet ihn enorm viel Energie, Risikobereitschaft, Sorgen wegen hoher Bankkredite und Arbeit, Arbeit und nochmals Arbeit. Die Eitelkeit, vor ein paar Dutzend Nachbarn, Verwandten und Bekannten als landwirtschaftlicher Großunternehmer dazustehen, hat seinen Preis. Diese Gier nach mehr führt zu Stress und dieser zu Bluthochdruck. Und weil mein Bekannter ständig arbeitet, hat er einen Mordsappetit

> **»Wer mit seinem Los zufrieden ist, ist reich.«**
>
> **Sokrates**

der wiederum zu Übergewicht führt. Dieses Übergewicht erhöht seinen Blutdruck noch mehr und strapaziert zudem seine Gelenke, die er mit Abspeckkuren zu entlasten sucht. Doch wenn er um ein paar Kilo leichter nach einem dieser Kuraufenthalte zurückkehrt, beginnt der Teufelskreis von neuem. Weil seine Gelenke zerschlissen sind, fällt dem 50jährigen zudem die Bestellung seiner Ländereien und die Erhaltung seines Besitzes immer schwerer. Was also hat die Großmannssucht für sein Leben gebracht? Hätte er sich mit einem überschaubarem Betrieb zufriedengegeben, der seine Familie ganz genauso ernähren würde, würde er ein ausgeglicheneres und gesünderes Leben führen.

Ein anderer Freund, ein wegen seiner Heilerfolge geschätzter Zahnarzt, früher ein völlig gelassener Mensch, wurde plötzlich von der Habsucht ergriffen. Ihm reichten die stattlichen Honorare nicht mehr. Darum richtete er einen zweiten Behandlungsraum ein, um zwei Patienten parallel behandeln zu können. Durch diese scheinbar geschickte Effektivitätssteigerung verdoppelte er die Zahl der Behandelten und damit seinen Umsatz. Als gewissenhafter Arzt tat er tatsächlich seinen Patienten, seinem Bankguthaben und dem Finanzamt Gutes, denn alle profitierten von seiner rastlosen Tätigkeit, bei der er im Eilschritt zwischen den Behandlungszimmern hin- und hereilte. Nur sich selber tat er nichts Gutes. Der ständige Stress brannte ihn völlig aus. Die Angst, die Arbeit nicht mehr leisten zu können, ließ ihn zum Alkohol greifen. Das löste Eheprobleme aus. Als ich ihm freundschaftlich riet, weniger zu arbeiten und sein Leben mehr zu genießen, rief er in Panik: »Dann muss ich verhungern!« Inzwischen ist er tot. Aber er starb nicht wegen Hunger, sondern aus Angst vor dem unglücklichen Leben, in das er sich aus Gier hineingesteigert hatte.

Sokrates sagte auch den bemerkenswerten Satz: »*Wer mit seinem Los zufrieden ist, ist reich.*« Viele Menschen, die von dieser Erkenntnis nichts wissen, bauen täglich an ihrem Seelengebäude aus Unzufriedenheit, Gier und Neid, das mit jedem Baustein immer desolater wird, und machen sich, wie der Landwirt oder der Zahnarzt, durch ihre Besitzgier zu Märtyrern der Arbeit.

Klug handelte mein Freund Markus, der einen vielfach preisgekrönten und in Gourmetmagazinen gepriesenen Ziegenkäse herstellt. Eines Tages wurde er von zwei Managern der AUA, der österreichischen Fluglinie, aufgesucht. Sie wollten seinen Gourmetkäse ihren vornehmen Flugkunden der

Business Class anbieten. Markus war geschmeichelt, ließ sich das Geschäft durch den Kopf gehen, kalkulierte und teilte den AUA-Herren seinen Preis mit. Die fielen aus allen Wolken und wollten Markus ihren Preis diktieren. Der lachte und lehnte zum Erstaunen der Herren ab. Denn bei den schlechten Konditionen hätte er sich zum Sklaven der Fluglinie AUA gemacht. Er hätte seine Ziegenherde verdreifachen und weitere Helfer anstellen müssen, um die Arbeit zu bewältigen. Er hätte die dreifache Arbeit gehabt und trotzdem hätte sich sein Gewinn verringert. Markus wusste, dass weniger mehr ist.

Wem das Prinzip des »Weniger ist mehr« klar ist, wird in allen Bereichen des Lebens gewinnen – um nicht das Wichtigste zu verpassen: Sich selbst.

- Wer ständig vor der inneren Leere auf der Flucht ist, wird trotz exotischer Länder, edler Hotels und erlesener Genüsse vor Langeweile umkommen.

- Wer seine Arbeit mit Freude erledigt, sich für andere Menschen engagiert, um Pflanzen oder Tiere kümmert oder beispielsweise bei Umweltprojekten mitarbeitet, geht mit sich und der Welt zufrieden ins Bett.

- Wer einen Fernsehfilm nach dem anderen konsumiert, wird bald nicht nur sehr viel Wirrwarr im Kopf haben, sondern mehr und mehr seiner Energie beraubt werden. Wer dagegen hin und wieder ein Buch, eine Oper, ein Theaterstück oder einen besonderen Film genießt, wird sich lange an diesem Kunstwerk erfreuen.

- Wer weniger Zeit vergeudet, verfügt über mehr Zeit.

- Wer sorgsam mit seinem Geld umgeht, hat keine Schulden und immer eine Reserve.

- Wer seine Kräfte schont, besitzt mehr Energie für wesentliche Dinge.

- Wer jeden Tag üppige Gerichte speist, wird nicht nur immer schwerleibiger werden, sondern vor Übersättigung schwermütig.

So ergeht es einem im jedem Bereich des Lebens. Wer klug und nicht inflationär mit schönen Dingen umgeht, der bereichert sein Leben.

EIN GESUNDER BETTLER
IST GLÜCKLICHER ALS
EIN KRANKER MILLIONÄR

Ähnliches bestätigt die Untersuchung eines amerikanischen Anthropologen, der herausfinden wollte, in welchem Teil der Welt die Menschen am glücklichsten sind.

Dort, wo die Menschen im Wohlstand und sozial abgesichert leben, also in den westlichen Industrienationen, fühlen sich die meisten unglücklich, und dort, wo der Satz »Wer weiß, was morgen ist?«, nicht nur ein geflügeltes Wort, sondern alltägliche, harte Realität ist – in Mali, in Niger und anderen armen Ländern Afrikas –, sind die Menschen fröhlich und fühlen sich wohl.

Wenn nun aber die Ärmsten der Armen nachweislich glücklicher sind als die im Wohlstand lebenden Nordamerikaner, Mitteleuropäer und Japaner gibt das natürlich zu denken. Vielleicht stimmt ja dann der berühmte Satz, wonach Geld zwar nicht glücklich macht, aber beruhigen würde, gar nicht?!

Die Erlösung vom Geld –
Ludwig Wittgenstein

Der Philosoph **Ludwig Wittgenstein** (1889–1951), der zu seinen Lebzeiten nur knapp 200 Seiten veröffentlichte (worüber bis heute 2000 Arbeiten verfasst wurden), hatte jedenfalls erhebliche Zweifel an der glücklichmachenden oder beruhigenden Eigenschaft des Geldes.

Denn nicht Ruhm, Erfolg oder Reichtum waren sein höchstes Ziel, sondern Klarheit, Reinheit und Durchsichtigkeit.

Wittgensteins Vater, Herr über ein millionenschweres Eisen- und Stahlimperium, ließ den Sohn in Berlin Maschinenbau studieren, denn der Junge sollte später den Konzern übernehmen. Doch nach zwei Jahren ging Wittgenstein nach England, arbeitete an einem Forschungsprogramm, konstruierte Drachen und Ballone und beschäftigte sich desweiteren mit der Entwicklung von Antriebsmotoren.

Schon als Knabe hatte er aus Draht und Zündhölzern eine funktionstüchtige Nähmaschine zusammengebastelt – jetzt erfand er einen neuartigen Düsenpropeller. Bei der Beschäftigung mit Konstruktionsplänen merkte Wittgenstein, dass es im Grunde die Höhenflüge des Geistes waren, die ihn faszinierten. »Zu dieser Zeit ... ergriff ihn plötzlich die Philosophie ... Es war eine der

Wandlungen, deren er noch mehrere in seinem Leben durchmachen sollte«, schrieb seine Schwester Hermine.

Weil ihm das eigene Denken unheimlich vorkam, suchte der 23-Jährige Rat bei seinem Professor Bertrand Russell, dem Star der neuen Logik: »Denken Sie, dass ich ein völliger Idiot bin?« »Warum wollen Sie das wissen?« »Weil ich, wenn ich einer bin, Pilot werde; wenn nicht, dann Philosoph.« Russell bat ihn zur Klärung der Frage um einen philosophischen Essay. Wenig später war er sprachlos. Für ihn war Wittgenstein nach der kurzen Lektüre »das vollendeteste Beispiel eines Genies der traditionellen Auffassung nach, das mir je begegnet ist: leidenschaftlich, tief, intensiv und beherrschend«.

Gerade sein Genie behinderte jedoch Wittgensteins Unikarriere. Als Muster eines Philosophen hielt er es für überflüssig, sich in seiner Dissertation um akademischen Firlefanz wie Vorwort, Fußnoten oder Quellenangaben zu kümmern. Das pingelige Professorenkollegium wies die geniale Arbeit daraufhin zurück. Erst 15 Jahre später klappte es – unter Umgehung sämtlicher Vorschriften –, doch noch. Nachdem der mittlerweile Berühmte die andächtig lauschende Oxforder Professorenschar mit seinen Geistesblitzen erleuchtet hatte, ernannten sie ihn auf der Stelle zum Ehrendoktor.

Nach dem Tod seines Vaters war Wittgenstein ein steinreicher Mann. So verfügte er 1914 über ein Einkommen von rund 300 000 Kronen (über 300 000 Euro).

»Was soll ein Asket mit so viel Geld«, fragte er sich und spendete ein Drittel an mittellose Künstler wie Rilke oder den kranken Georg Trakl.

Um sein Leben noch unbeschwerter zu gestalten, schenkte Wittgenstein das restliche Vermögen seinen Geschwistern und erlernte mit 30 einen soliden Brotberuf. Elf Monate später war er Volksschullehrer und eröffnete im kargen Bergdorf Trattenbach in Flanellhosen, mit Südwester auf dem Kopf, seinen Schülern faszinierende Horizonte. In klaren Nächten erklärte Wittgenstein ihnen den Sternenhimmel, besuchte mit ihnen Bergwerke und Museen und bezahlte die Reisekosten für arme Schüler von seinem mageren Gehalt. Trotzdem machte ihn sein unausgeglichenes Temperament oft zu einem schlechten Pädagogen. Wenn er depressiv war, hagelte es Ohrfeigen. Nachdem ein Schüler ohnmächtig zusammengebrochen war, erkannte Wittgenstein, dass er wieder einmal seinen Beruf verfehlt hatte und wurde für ein halbes Jahr Gärtner im Kloster der Barmherzigen Brüder in Wien.

Danach nahm Wittgenstein die britische Staatsbürgerschaft an und wurde Professor in Cambridge. Seine Anhänger verehrten ihn wie einen Propheten. Zum Arbeiten zog er sich an einen norwegischen Fjord zurück, wo er sich in seinen wohlhabenden Tagen ein Blockhaus hatte bauen lassen. Wer ihn besuchen wollte, musste ein Boot benutzen. Wittgenstein liebte diese Einsamkeit.

Daher gab er 1947 »die absurde Stellung eines Philoso-phieprofessors« auf. Für ihn war »es eine Art Lebendig-Begrabensein«. Wieder brach er alle Brücken hinter sich ab und zog an die sturmgepeitschte Westküste Irlands in eine Hütte »von jeder Zivilisation weit entfernt« und lebte von Kartoffeln, Wasser und Brot. Drei Tage nach seinem 62. Geburtstag starb er völlig gelassen. Seine An-hänger in aller Welt tröstete er mit den letzten Worten: »Tell them it was wonderful.«

* * *

Dass das rastlose Streben nach Geld, die Sorge um den Be-sitz, der tägliche Kampf um Anerkennung und Erfolg vom Wesentlichen, dem Leben an sich und der Freude daran, ab-lenken, dürfte jedem dämmern, dem der gnadenlose Stress der modernen Wirtschaftsgesellschaft die Luft abschnürt. Und wohl jeder hat sich schon nach einer bescheideneren Lebensform im Stile Wittgensteins gesehnt.

Einer, der sich ebenso aus jeglicher Abhängigkeit befreite und mit der gewonnenen persönlichen Freiheit sogar ein rie-siges Land befreite – und zudem noch mit friedlichen Mitteln – war Gandhi (1869–1948).

Das Spinnrad als Symbol der Freiheit – Mahatma Gandhi

Mit 13 wurde **Mahatma Gandhi** verheiratet. Das ist bei der Hindukaste der Kaufleute, aus der er stammte, nicht ungewöhnlich. Der schmächtige Knabe wurde am ganzen Körper gesalbt. Dann begannen die Mysterien der Ehe. Nach ein paar Tagen wandelte sich die Angst vor der unheimlichen Begegnung mit der Braut. Nun konnte er Tag und Nacht nur noch an die Freuden der Liebe denken. Statt zu lernen, versank er in zärtliche Träumereien. Er wachte erst auf, als er durchs Examen fiel. Ein Jahr war verloren. Schlagartig wurde ihm bewusst, dass er dabei war, seine Zukunft zu gefährden. Bildung ist ein Privileg, und Gandhi war einer der wenigen, der die Chance hatte, aus der Masse der ungebildeten Inder aufzusteigen. Dieses Ziel im Auge, begann er, mit mönchischer Strenge zu arbeiten. Er beschloss, an der Universität London zu studieren. Als er endlich Großbritannien betrat, fühlte er sich unter den Engländern wie der verlorene Sohn.

Er büffelte Latein und Französisch und studierte in dicken Wälzern die bürgerlichen Gesetze, bis ihm die Augen schmerzten. Als er mit dem Universitätsstudium in der Tasche nach Indien zurückkehrte, wollte der Weitgereiste der gesamten Verwandtschaft den westlichen

Lebensstil aufzwingen. Er versprach sich von den extravaganten englischen Sitten höheres Ansehen. Doch das Luxusleben verschlang mehr, als er verdiente.

Um zu Geld zu kommen, fuhr er erneut ins Ausland. Doch in Südafrika gab es unerwartete Probleme. Die weißen Kolonialherren ließen ihn spüren, dass er ein Mensch zweiter Klasse war. Statt im Innern der Kutsche musste er vorne auf dem Bock reisen, er wurde vom Gehweg auf die staubige Straße gestoßen, im Hotel bekam er wegen seiner Hautfarbe kein Zimmer. Dennoch gelang es ihm, sich eine solide Existenz als Rechtsanwalt aufzubauen.

Nun setzte sich Gandhi für unterdrückte Minderheiten ein. Lautstark verlangte er gleiche Rechte für alle Menschen und inszenierte rebellische Aktionen. Man horchte auf. Es kam zu Gewaltakten gegen ihn. Um Haaresbreite der Lynchjustiz entronnen, verzieh er seinen Feinden und verhinderte, dass sie bestraft wurden.

Abgeklärt wollte er mit seinen alten Idealen des Luxus nichts mehr zu tun haben. Reichtum, Erfolg und Bildung hielt er inzwischen für lästigen Ballast. Mit 40 gründete er eine spirituelle Kommune. Seinen einträglichen Beruf als Jurist gab er auf. Armut, Keuschheit und Demut bestimmten nun sein Leben. Er ernährte sich von Nüssen und Früchten. »Homespun« wurde seine Parole, mit der er in Versammlungen seine Hörer aufrüttelte. Wer sein Garn selbst spann und daraus selbst seine Kleidung her-

stellte, befreite sich vom Kaufzwang und von der Sklaverei der modernen Geldwirtschaft. Das Spinnrad wurde
für Gandhi zum Symbol der Freiheit. Es erschloss den
Armen eine zusätzliche Verdienstquelle, für Wohlha-
bende bedeutete es eine sinnvolle Betätigung in den
Mußestunden.

Für ihn selbst und auch einen Teil seiner Gefolgschaft
wurde die Arbeit am Spinnrad zugleich »ein Mittel der
Konzentration und inneren Sammlung«, dessen Wert er
besonders hoch einschätzte. Wer das Garn lieferte, boy-
kottierte zudem ausländische Waren und leistete damit
nicht nur symbolisch, sondern aktiv Widerstand gegen
die britische Kolonialherrschaft.

Gandhi hatte vier Söhne gezeugt, Bäume gepflanzt
und ein Buch geschrieben. Viele hielten ihn nicht nur
für gut, sondern auch für unfehlbar. Als er nach 20 Jahren aus Afrika für immer in seine Heimat zurückkehrte,
wurde er dort bald wie ein Heiliger verehrt. Bilder von
ihm wurden wie Reliquien gehandelt. Die Bereitschaft,
für seine humanen Überzeugungen jederzeit ins Gefängnis zu gehen, beeindruckte selbst seine Feinde.

Seine Jünger waren überzeugt, dass die asketische
Lebensweise dem über 70-Jährigen seine übermenschli-
che Aura verlieh. Er hatte vor, durch einfache Ernährung, häufiges Fasten und den Verzicht auf die Freuden
des Fleisches 125 Jahre alt zu werden. Wer ihn sah,
glaubte ihm aufs Wort, und wäre er nicht im Januar 1948

von einem fanatischen Hindu in Delhi erschossen worden, so hätte er sein ehrgeiziges Ziel vielleicht sogar noch überlebt.

* * *

Die Kraft seiner Askese machte Gandhi zur charismatischen Führerfigur. Nun kann man berechtigterweise einwenden, Gandhi hatte es viel leichter, da er im warmen Indien asketisch lebte und nicht in unseren viel kälteren und unwirtlicheren Breiten. Ebenso wie der heilige Franziskus, der in selbst gewählter Armut im sonnigen Italien lebte oder Jesus Christus in Palästina.

Das stimmt natürlich, was die äußeren Dinge des Lebens betrifft. Im Klima des Mittelmeerraumes oder des indischen Subkontinents gedeihen Früchte in Überfülle. Sich bescheiden zu ernähren bedeutet dort kein Problem. Ebenso nebensächlich sind Fragen der Bekleidung oder Heizung. Trotzdem lässt sich ein bescheiden-glückliches Leben durchaus auch in nördlichen Breiten verwirklichen, wie das folgende Beispiel zeigt.

Finden, was die Seele braucht –
Carl Zuckmayer

Als **Carl Zuckmayer** 1939 mit seiner Frau und seinen beiden Töchtern vor den Nationalsozialisten in die USA flüchten musste, hatte er es durch seine weltweiten Verbindungen als Erfolgsautor leichter als viele anderen Emigranten, in Amerika Fuß zu fassen. Eine berühmte amerikanische Freundin bürgte für Zuckmayer, sorgte für eine besondere Empfehlung von Präsident Roosevelt und machte ihn mit vielen wichtigen Leuten bekannt. Einer davon, ein Literaturagent, verschaffte ihm das Entree in Hollywood.

Zuckmayer fühlt sich nach dem Unheil in Europa wie im siebten Himmel. Alles ging hier sagenhaft schnell und leicht. Ehe er es recht begriff, hatte er einen Siebenjahresvertrag als Drehbuchautor mit einem Filmstudio über die damals üppige Summe von 750 Dollar pro Woche in der Tasche. Diese Summe erhöhte sich von Jahr zu Jahr, und jeder Drehbuchautor bekam zudem drei Monate Urlaub im Jahr. Allerdings konnte das Studio den Mitarbeitern auch innerhalb einer Woche kündigen. Daher herrschte ein ständiges Klima der Angst.

In Hollywood traf Zuckmayer alte Freunde wie die Regisseure Max Reinhardt oder Fritz Lang. Doch er fühlte sich in der Glitzerwelt des schönen Scheins nicht wohl. Bereits nach drei Wochen sagte er in einer Gesellschaft deutscher Emigranten im Hause Max Reinhardts: »Hier bleib ich nicht lange. Das ist kein Leben für mich.« Alles lachte, jeder von ihnen hätte das sagen können. Doch alle saßen noch in Hollywood. Denn der Scheck hielt sie fest. Wo sonst konnte man in Amerika so leicht Geld verdienen und komfortabel leben?

Als Zuckmayer die Arbeit an einem anspruchsvollen Drehbuch sofort zugunsten eines trivialen Stoffes aufgeben soll, war es jedoch soweit. Empört berichtete er Fritz Lang von dem Schwachsinn und seiner Entscheidung, den Stoff abzulehnen. Fritz Lang redete Zuckmayer gut zu: »In Hollywood sagt man niemals nein. Ganz gleich, was verlangt wird. Ablehnen heißt Rausschmiss. Außerdem ist das Angebot super. Sei vernünftig. Sag auf keinen Fall nein, sonst bist du für Hollywood erledigt.«

Zuckmayer ist hin und her gerissen. Er fühlt sich wie im goldenen Käfig. Am nächsten Morgen lehnt er ab. Ein paar Tage später liegt seine Kündigung auf dem Tisch. Es ist für ihn die reinste Erlösung. » Ich kassierte meinen letzten Scheck und ging mich besaufen.« Seine Frau war überglücklich. Sie waren nach Amerika gekommen, um frei zu sein. »Wie wir uns das erkämpfen würden, wussten wir nicht.«

Die beiden gehen nach New York. Dort bekommt Zuckmayer durch die Vermittlung von Erwin Piscator bei der »New School For Social Research« einen Lehrauftrag über das Thema »Humor im Drama«. Bei dem Job geht ihm allerdings schnell der Humor aus. Das kümmerliche Gehalt reicht hinten und vorne nicht. Wie soll es weitergehen?

Zweimal ist Zuckmayer mit seiner Familie auf dem Land im Neuengland-Staat Vermont gewesen. Hier fühlen sie sich wohl. Das waldreiche Hügelland erinnert sie ein bisschen an ihre verlorene Heimat im Salzburgischen, wo sie bis zu ihrer Vertreibung ein glückliches Landleben führten. Zurück in New York City wächst der Wunsch, in den Wäldern Vermonts in der Stille der Natur neu zu beginnen. Die Freunde schütteln den Kopf. Doch die Amerikaner finden die Idee nicht abwegig. In ihnen steckt noch der Pioniergeist ihrer puritanischen Vorfahren. Leute, die ihr Schicksal selbst in die Hand nehmen, imponieren ihnen. Zuckmayer ist Feuer und Flamme: »Von Landwirtschaft verstand ich nichts, aber ich war gewiss, dass ich das leichter erlernen könnte als irgendeine technische Arbeit in der Stadt.« Er ist 45 Jahre alt, gesund, kräftig, voller Begeisterung und hat eine Frau an seiner Seite, die bereit ist, das Abenteuer mit ihm zu teilen. Der Verleger Alfred Harcourt lässt sich von seiner Landbegeisterung anstecken und zahlt einen anständigen Vorschuss auf sein nächstes Buch.

Voll von unerschütterlichem Selbstvertrauen fahren die Zuckmayers nach Vermont und schauen sich alte Farmen an, die zum Verkauf stehen oder zu pachten sind. Die meisten sind zu teuer oder ungünstig gelegen. Das entmutigt sie nicht. Eines Tages entdeckt Zuckmayer die Backwoods-Farm, ein Anwesen aus dem Jahre 1783, mit eigener Quelle, Teich und 90 Hektar Wiese, Wald und Ackerland. Alles ist wie im Märchen. Der Besitzer, angetan von dem zupackenden Deutschen, ist bereit, die gesamte Farm für 50 Dollar im Monat zu vermieten. Zuckmayer hat gefunden, was er mit der Seele gesucht hatte. Zuckmayer, seine Frau und die beiden Töchter beginnen ein Leben wie die alten Pionierfamilien und lernen alles, vom Holzfällen bis zum Scheunenbau. Mit der körperlichen Arbeit ist aller Frust wie weggeblasen. Sie beginnen mit einer Geflügelzucht und ziehen Enten, Gänse und Hühner zur Schlachtung groß. Später kommt eine Ziegenherde hinzu. Die Milch nimmt eine Klinik für Magenkranke. Als das alles funktioniert, halten sie auch Hausschweine. Sie produzieren fast alles, was sie brauchen, selbst. »Hätte ich meine Frau und die Töchter in Hühnerfedern und Ziegenhaar kleiden können, so wären wir autarke Selbstversorger gewesen.« Obwohl es im Winter bis 40 Grad minus wird, ist keiner der Familie jemals krank.

Alte deutsche Freunde, die aus Boston und New York zu Besuch kommen, bewundern die Aussteiger, die sich ihr kleines Paradies geschaffen haben. Und so seltsam es klingt: Sie haben bei dem kargen, harten Leben ihr Glück gefunden. Es erfüllt sie so, dass sie sich später in

Europa wieder auf dem Land ansiedeln. Diesmal in der Schweiz, in der Stille eines Dorfes auf 1600 m Höhe, »in den Bergen, wo die Freiheit wohnt«.

* * *

Zuckmayer hatte sich also durch diese klare Entscheidung einer ungeliebten Lebens- und Arbeitssituation entzogen, die ihm zwar ein gutes Einkommen gesichert, ihn aber auch zum Schreibsklaven und damit unglücklich gemacht hätte. Mit seiner klaren Entscheidung für ein bescheidenes Leben hat er verwirklicht, wovon andere nur träumen.

ZEIT IST GELD

Vor rund 800 Jahren ergriff die europäischen Menschen in den Städten eine innere Unruhe – sie wollten wissen, wie die Zeit vergeht. Die Kirchenglocken teilten zwar den Tag mit ihrem Läuten in Morgen, Mittag und Abend ein, aber das waren relative Zeitbemessungen. Niemand wusste genau, wie spät es wirklich war, denn niemand besaß eine Uhr.

1188 bekamen die Bürger von Tournai in Belgien vom König die Erlaubnis, »zu ihrem Vergnügen und im Hinblick auf die Angelegenheiten der Stadt« eine »weltliche« Glocke aufzuhängen, die jede Stunde anzeigte. Damit begann in Europa die Neuzeit. Die erste mechanische Uhr installierten die Bürger von Mailand 1309 – und bald hatte jede wichtige Stadt ihr genaues Chronometer. Damit kam Tempo (von lat. Tempus: die Zeit) in die zuvor gemächlichen Geschäfte der Städte. Während auf dem Land die »Uhren« weiterhin auf althergebrachte Weise – also sehr ungenau und langsam – gingen, und der Lauf der Sonne und des Jahres den Lebensrhythmus bestimmte, wurde das Leben der Städter rastlos. Großkaufleute bauten Handelskonzerne auf, die Güter von Nord nach Süd, von Ost nach West brachten. Bernstein von der Ostsee gelangte so nach Italien, Gewürze aus dem Orient wurden nach Schottland verschifft, und Sklaven aus Afrika wurden nach Byzanz verkauft. Die Wikinger entwickelten ein Schiff, das am Tag bis zu 275 Kilometer zurücklegen konnte. Dank dieses Wunderwerkes der Technik verheerten sie halb Europa, wurden zu den größten Sklavenhändlern und entdeckten auf ihren rastlosen Handelsfahrten sogar Amerika. Ein Wikinger besuchte mit einem solchen Schiff innerhalb eines Jahres die damals vier bekannten Kontinente.

Etwa zur gleichen Zeit züchteten Mongolen aus Ostasien Pferde, die ihre Reiter bis 200 km pro Tag tragen konnten. Diese beiden »Zeitmaschinen« ließen die Entfernungen schrumpfen. Dschingis Khan (1162–1227) errichtete mittels dieser vierbeinigen, jeden Feind überrennenden Wunderwaffe innerhalb von 35 Regierungsjahren ein Reich von 6500 km Länge und 2500 km Breite, aus dem seine Nachfolger das größte Reich der Weltgeschichte schufen. Erst durch das schnelle Pferd und eine effiziente Verwaltung war ein solches Riesenreich überhaupt beherrschbar.

Erfindungen, die der kreative europäische Geist hervorbrachte, sorgten für immer weitere Zeitersparnis: Bessere Straßen, schnellere Schiffe und Nachrichtenübermittlung durch Brieftauben und Kuriere. Mit der immer minutiöseren Verwaltung des Tagesablaufes wurden nicht nur Wirtschaft und Politik ständig effektiver, auch das soziale Leben wurde immer besser durchorganisiert.

Der Drang, im Staatswesen alles bis ins kleinste Detail zu ordnen, erreichte einen ersten Höhepunkt am Hof Ludwig XIV. von Frankreich, dem Sonnenkönig (1638–1715). Der Herrscher war vom Einheitswahn besessen: Alles in seinem Imperium sollte erhaben, großartig, effektvoll und zugleich einfach, geordnet und überschaubar sein. Sein Gartengestalter gab den Anlagen die Form mathematischer Figuren und beaufsichtigte ihr Wachstum mit Zirkel und Lineal. Auch das Militär wurde unter dem Kommando dieses Herrschers zum ersten Mal exakt. Der Soldat war nun kein einmaliges Individuum mehr, sondern eine Ziffer in grauer Norm, mit welcher der Feldherr beliebig operieren konnte.

Der Herrscher selbst war das Herz dieses seltsamen Organismus und seine Tagesordnung dementsprechend genau organisiert: Jede Stunde hatte ihre bestimmte Beschäftigung. Im Grunde war der König eine große Puppe, die von befugten Personen angekleidet, geputzt, gefüttert, spazieren gefahren und zu Bett gebracht wurde. Nur dem Taschentuchverwaltungschef war es gestattet, dem Herrscher ein Taschentuch zu reichen. Die Prüfung des königlichen Nachtstuhls lag in den Händen eines eigenen Spezialisten. Um dem dürstenden Herrscher ein Glas Wasser zu reichen, waren vier Fachleute zuständig. Und außer der offiziellen Mätresse gab es eine Anzahl »Damen des königlichen Bettes«.

Durch Ludwig XIV. wurde Frankreich zum bestorganisiertesten Land Europas und zum Vorbild aller anderen europäischen Könige, Provinzpotentaten und sogar reicher Bürger. Denn dem Sonnenkönig war gelungen, was bisher undenkbar und nur hinter Kloster- und Gefängnismauern möglich erschien: Den Untertanen durch detaillierte Zeitvorgaben mit Arbeitszuteilungen rund um die Uhr wie ein Rädchen verfügbar zu machen.

Sechzig Jahre nach König Ludwigs Tod lieferte der Begründer der Nationalökonomie, der Schotte Adam Smith, in seinem Werk »Vom Wohlstand der Nationen«, das sofort nach Erscheinen zur Bibel der freien Marktwirtschaft wurde, die Grundlage zur Organisation des modernen Wirtschaftsbetriebes. Es war letztlich die konsequente Fortführung und Übertragung von König Ludwigs Staatsorganisation auf die Fabrikation von Waren. Smith zeigte in seinem Werk auf, wie durch strengste Arbeitsteilung die Produktion gigantisch gesteigert werden kann. Sein Beweis: Ein Arbeiter kann am Tag 10 Stecknadeln erzeugen. In einer Fabrik können zehn Spezialisten, die sich einander zuarbeiten, in derselben Zeit 48 000 Stecknadeln herstellen.

Genau zur selben Zeit machte ein anderer Schotte, der Kanal- und Brückenbauingenieur James Watt, eine Erfindung, die die gesamte Weltwirtschaft revolutionierte: die Dampfmaschine. Nun war es nur noch ein kurzer Schritt vom ersten dampfbetriebenen Omnibus auf Londons Straßen bis hin zur ersten Eisenbahnfahrt auf der Stockton-Darlington-Bahn in England am 27. September 1828. Und fünf Jahre später dampften die »Feuerrösser« durch die USA und bald auch in Deutschland.

Parallel dazu experimentierten findige Physiker wie Benjamin Franklin, Lichtenberg, Graf Volta oder Faraday an der

Nutzbarmachung der Elektrizität. Glühbirne, Elektromotor, Telegraph und Telefon wurden erfunden und machten die Arbeitsprozesse effizienter und das Leben leichter. Informationen konnten jetzt sekundenschnell übermittelt und dank der Glühbirne auch bei Dunkelheit im Lampenlicht gearbeitet werden. So wurde die Arbeitszeit problemlos verlängert.

Clevere Unternehmer führten die Schichtarbeit ein, und damit konnten erstmals die Maschinen Tag und Nacht bedient werden. Um 1850 verrichtete ein Berliner Fabrikarbeiter an sechs Wochentagen zwölf bis dreizehn Stunden schwere körperliche Arbeit. Urlaub gab es nicht. Der Sonntag diente dem Kirchgang. Höher privilegierte Angestellte in London mussten im Jahre 1854 von Montag bis Samstag täglich von 8 Uhr 30 bis 19 Uhr arbeiten.

Die Erfindungen von Schreibmaschine, Flugzeug und Auto beschleunigten das Leben noch mehr, und Henry Fords Fließbandproduktion machte die Herstellungskosten noch günstiger und schneller. Jeder Arbeiter in Fords Fabriken wurde zum Rädchen, das die Arbeit gewissenhaft wie in einem Uhrwerk ausführt. Bald wurde Fords erfolgreiches Fließbandkonzept von allen zukunftsorientierten Unternehmern der Industrienationen übernommen.

Durch die zeitsparenden Maschinen und Arbeitsabläufe konnte die Wirtschaft profitieren. Die Erfindungen ermöglichten bisher ungeahnte rasche Gewinne, und damit kam unvorstellbarer Reichtum ins Land. Rohstoffe in bisher ungeahntem Maße konnten rasch und kostengünstig aus den fernsten Winkeln der Erde nach Europa oder in die USA gebracht, dort in den Fabriken schnell und effektiv verarbeitet und durch ein effektives Verkehrsnetz vertrieben werden. Zweitens wurde durch den Einsatz von Maschinenkraft die Muskelkraft von Mensch und Tier reduziert. Die aufsteigende Mittelschicht konnte entspannter leben und den Wohlstand genießen – bis auf die Ärmsten der Armen, denen die Maschinen das Brot raubten, wie z.B. den schlesischen Webern, oder jenen, die als unterbezahlte Arbeiter nun dem atemlosen Takt der Maschinen in den Fabriken nachhetzten mussten.

Der 1. und 2. Weltkrieg beschleunigte die Industrieproduktion aller kriegführenden Länder. Unter dem Kommando der Militärs wurden das friedliche Flugzeug zum Kampfjet, das Automobil zum Panzer, Gas zum chemischen Kampfstoff, Nachrichtensysteme zu Vernichtungsmaschinerien und das Wissen um die Kernspaltung in der Hand von Wissenschaftlern und Generälen zum Horror, der die Welt bis heute in Angst und Schrecken versetzt.

In rasender Schnelle fanden mittels der neuen Massenvernichtungswaffen Millionen Soldaten und Zivilisten den Tod, und über Jahrhunderte erarbeitete Sachwerte wurden in kürzester Zeit vernichtet. Die neuen, zeitsparenden Maschinen, in Zeiten des Friedens eigentlich ein Segen, wurden zum Fluch. Es wird veranschlagt, dass der 2. Weltkrieg rein wirtschaftlich derart viel Kapital verschlungen hat, dass jede Familie auf der Welt davon ein Auto und ein Haus hätte geschenkt bekommen können.

> **»Warum willst du mit Gewalt nehmen, was du friedlich bekommen kannst, durch Liebe?«**
>
> **Indianerhäuptling Powhatan**

Der Indianerhäuptling Powhatan, dessen Stamm Anfang des 17. Jahrhunderts zunächst herzliche Beziehungen zu den englischen Siedlern bei Jamestown in Virginia unter Captain John Smith unterhalten hatte, (die Indianer hatten die Engländer großzügig mit den dringend benötigten Lebensmitteln versorgt), sagte 1609, nachdem Smith immer unverschämtere Forderungen stellte und diese durch eine Schar Bewaffneter unterstützte:

»Ich habe zwei Generationen meines Volkes sterben sehen. Kein Mann dieser zwei Generationen lebt noch außer mir. Ich kenne den Unterschied zwischen Krieg und Frieden besser als jeder Mann meines Volkes … Warum willst du mit Gewalt nehmen, was du friedlich bekommen kannst, durch Liebe? Warum tötest du die, die dich mit Nahrung versorgen? Was kannst du durch Krieg gewinnen? …Warum beneidest du uns? Wir haben keine Waffen, und wir sind bereit, dir zu geben, was du willst, wenn du als Freund kommst, nicht mit Schwertern und Gewehren als Feind.

Ich bin nicht so einfältig, dass ich nicht wüsste, dass es besser ist, gutes Fleisch zu essen, ruhig zu schlafen und friedlich mit meinen Frauen und Kindern zu leben. Es ist besser, mit den Engländern Kupfer und Beile zu tauschen, zu lachen und zu feiern, als davonzulaufen und in den Wäldern zu frieren, Wurzeln und Eicheln zu essen und gejagt zu werden ... Nehmt eure Gewehre und Schwerter weg! Sie sind der Grund all unseres Misstrauens. Nehmt sie weg, oder ihr alle werdet durch eure eigenen Waffen genauso elend sterben wie ich.«

Es sind Worte, die bis heute aktuell sind.

Nach dem 2. Weltkrieg erlebte die Weltwirtschaft durch den Wiederaufbau eine bis dahin unvorstellbare Dynamik. Mitteleuropa und die USA (und später auch Japan, danach die sogenannten Tigerstaaten und inzwischen auch China, Indien und Brasilien) erfasste ein ökonomischer Boom, und all diese Länder wurden reich. Dieser Reichtum ermöglichte in den 60er- bis 90er-Jahren in den bisher sozial schwächeren Gesellschaftsschichten einen nur bei Wohlhabenden früherer Epochen gekannten Lebensstandard. Henry Fords Forderung, wonach »jeder Werktätige soviel verdienen soll, um ein Auto, ein Stück Land und ein Haus« zu besitzen, wurde für viele Westdeutsche Wirklichkeit. Nach dem Wiederaufbau sorgten neue Märkte bei den europäischen Nachbarn und später rund um den Globus für Nachfrage. Deutschland wurde Exportweltmeister. Mit immer besserer Logistik, immer rationelleren Maschinen und immer intelligenteren Fabrikationsmethoden stieg die Produktion und sank die Arbeitszeit nach und nach auf 38 Wochenstunden. Parallel dazu kletterte der Urlaub für Arbeiter und Angestellte auf sechs Wochen. Das von den Kommunisten auf der anderen Seite des Eisernen Vorhangs erträumte Arbeiterparadies wurde paradoxerweise in gewisser Weise im kapitalistischen Westen zur Wirklichkeit. Allerdings: Je weniger in den Büros und Fabriken gearbeitet wurde, umso mehr wuchs der Stress.

Denn, da dank der effizienteren Produktionsweisen in den Fabriken immer mehr Arbeitsplätze abgebaut wurden, wurden die Arbeitssuchenden im Dienstleistungs- und Verwaltungsbereich untergebracht. Die Bürokratie blähte sich auf. Für die vielen neuen Mitarbeiter in den Verwaltungen musste Arbeit erfunden werden. Die Verwaltungswege wurden immer länger, Entscheidungsvorgänge, die in den Jahren der prosperierenden Wirtschaft von zupackenden Managern rasch und kompetent erledigt wurden, gingen immer mehr in die Kompetenz von Entscheidungsrunden über.

Mit dieser neuen Arbeitsmethode wird unendlich viel kostbare Zeit hoch qualifizierter, hoch bezahlter Mitarbeiter vergeudet. Ohne dass die Arbeit wirklich vorangeht, herrscht in den Verwaltungen der Betriebe permanent Stress. Hier bewahrheitet sich oft die holländische Volksweisheit, wonach »Leute, die niemals Zeit haben, am wenigsten tun«. Wenn, wie es Benjamin Franklin auf den Punkt brachte, »Zeit Geld ist«, dann arbeiten die meisten modernen Unternehmen auf der Verwaltungsebene weitgehend unprofessionell und vernichten Zeit und damit Firmenkapital.

Mit dem Beginn des elektronischen Zeitalters kam noch mehr Dynamik ins Berufs- und Privatleben. Erfindungen wie PC, Handy, Internet und E-Mail, die eigentlich als Zeitsparer gedacht waren, wurden tatsächlich zu Zeitfressern. Denn inzwischen ist der Mensch kaum noch fähig, die rasche Informationsübermittlung zu bewältigen. Fast jeder, selbst der Rentner im gemütlichen Ruhestand, fühlt sich überfordert. Resultat des permanenten Stresses ist seelische und körperliche Erschöpfung.

Kaum jemand ist mehr mit seiner Arbeit zufrieden und in der Lage, sich an kleinen Dingen zu erfreuen. Kompensiert wird die seelische Leere, indem man sich »etwas leistet«. So kauft man sich von seinem hart verdienten Geld ein kleines Stückchen Freiheit und jagt im Urlaub oder am Wochenende in Auto oder Flugzeug der verlorenen Zeit hinterher. Und weil diese Freiheit süß, aber teuer erworben ist, wird die Sucht nach Geld umso größer, weil es Freiheit bedeutet. Doch dadurch wird die zur Verfügung stehende Zeit immer knapper ...

Zeit – das kostbare Gut

Dass die Lebenszeit, neben Freiheit und Gesundheit, das kostbarste Gut des Menschen ist, wird jedem schmerzlich bewusst, dem es dauernd an Zeit mangelt. So geht es fast jedem urbanen Menschen des elektronischen Zeitalters. Doch bereits in der Antike litten Bewohner von Metropolen wie Athen oder Rom an dieser seltsamen Krankheit. Der Staatsmann und Philosoph Lucius Annaeus Seneca (4–65 n. Chr.), dessen Philosophie auf der Grundlage der Stoiker auf die praktische Lebensweise gerichtet ist, fordert in seiner Schrift »Von der Kürze des Lebens«, mit dem kostbaren Gut Lebenszeit sorgsam umzugehen, »um sie nicht in der Kürze des jeweiligen Augenblicks zu verschleudern«. Er empfiehlt allen, die ihre Lebenszeit verlängern möchten, das Leben zu intensivieren und zu verdichten.

Da Senecas Überlegungen heute aktueller sind denn je, hier aus seinem Text einige Kernsätze:

»…*So wie reiche und königliche Schätze, wenn sie an einen schlechten Herrn geraten sind, im Augenblick vergeudet werden, aber dagegen bescheidenere, wenn sie an einen guten Verwalter übergeben sind, durch guten Gebrauch wachsen, so dehnt sich unsere Lebenszeit, teilt man sie gut ein, weithin aus. … Das Leben ist, wenn du es rich-*

tig zu nutzen verstehst, lang. Aber den einen hält seine
unersättliche Habgier fest, den anderen in überflüssiger
Arbeit mühevolle Geschäftigkeit. Ein anderer verschwendet sein Leben beim Wein. Dieser dämmert in grüblerischer
Untätigkeit hin, jenen ermattet sein ewig von fremden Urteilen abhängiger Ehrgeiz, der jagt in Hoffnung auf Gewinne durch alle Meere und Länder. ... der Nächste vergeudet seine Zeit mit Klage um das eigene schwere Los. ...
Es ist nur ein kleiner Teil des Lebens, in dem wir wirklich
leben. ... Der eine dient diesem, der andere jenem: sich
selbst aber keiner. ... Glaub mir, ein großer und hoch über
den menschlichen Irrtümern stehender Mann lässt sich von
seiner Zeit auch nicht das Mindeste nehmen, und deswegen
ist sein Leben am längsten, weil es ihm selbst, wie lange es
auch währte, ganz zur Verfügung stand. ... Jeder treibt sein
Leben vorwärts und plagt sich mit der Sehnsucht nach der
Zukunft, mit dem Ekel an der Gegenwart. Doch der, der
alle Zeit zum eigenen Gebrauch verwendet, der jeden Tag,
als wäre er sein ganzes Leben, ordnet, wünscht weder den
morgigen Tag noch fürchtet er ihn. Was könnte denn noch
irgendeine Stunde an neuer Lust bringen? ... Kann es
etwas Mühevolleres als das Leben jener Menschen geben,
die dauernd mit der Vorsorge beschäftigt sind? Sie sind
ständig in Eile, um einmal besser leben zu können, auf
Kosten ihres gegenwärtigen Lebens richten sie das zukünftige Leben ein. ... Das größte Hindernis des Lebens ist die
Erwartung, die vom Morgen abhängt, das Heute aber ver-

säumt. ... Alles was noch kommen soll, liegt im Ungewissen: leb sofort! ... Wie sollte nicht das Leben derer, die es fern von allen Geschäften verbringen, lang sein? ... Allein von allen in Ruhe sind diejenigen, die ihre Zeit der Weisheit widmen, sie allein leben wirklich. Denn nicht nur ihr eigenes Leben nutzen sie gut: Jede (andere erfüllte) Zeit fügen sie ihrer eigenen hinzu. Alle vor ihnen verflossenen Jahre sind für sie hinzugewonnen. ... Kein Zeitalter ist uns verwehrt, zu allen sind wir zugelassen ... Mit Sokrates steht es frei zu disputieren, mit Karneades zu zweifeln, mit Epikur Stille zu genießen, des Menschen Natur mit den Stoikern besiegen. ... Das Leben von jenen ist das kürzeste und sorgenvollste, die die Vergangenheit vergessen, die Gegenwart außer Acht lassen und Angst vor der Zukunft haben. ... Daher streben sie ständig nach Beschäftigung, und alle dazwischen liegende Zeit ist ihnen lästig ...«

Diese Gedanken über den Wert der Zeit spinnt Ralph Waldo Emerson 1841 großartig weiter:

»Es wird uns oftmals fühlbar, dass es eine andere Jugend und ein anderes Alter gibt als jenes, welches nach unserer natürlichen Geburt gemessen wird. Einige Gedanken finden uns immer jung und erhalten uns jung. Solche ein Gedanke ist die Liebe zur allgemeinen und ewigen Schönheit. Ein jeder Mensch löst sich aus dieser Betrachtung mit dem Gefühl, dass sie eher den Zeitaltern angehört als dem *sterblichen Leben. Die geringste Tätigkeit der intellektuellen Kräfte erlöst uns in einem gewissen Grade von den Bedingungen der Zeit. In der Krankheit, der Niedergeschlagenheit lasst uns nur eine Spur von Poesie oder einen tief wahren Spruch vernehmen, und wir sind erquickt; oder hole einen Band von Platon oder Shakespeare hervor oder erinnere uns an ihre Namen, und wir kommen augenblicklich zu einem Gefühl der Langzeitlichkeit.«*

Die moderne Industriegesellschaft versklavt sich selbst durch Arbeit, die eigentlich die wunderbaren zeit- und muskelkraftsparenden Maschinen zum Großteil erleichtern könnten. Paradoxerweise wird der Stress mit der wachsenden Geschwindigkeit der Maschinen und Kommunikationsgeräte immer größer. Fuhr man vor zwanzig Jahren zu einem Termin in eine andere Stadt, ging die Reise, gemessen an der heutigen Hektik, gemütlich voran. Diese Reise dauerte länger – und trotzdem hatte man mehr Zeit für sich selbst. Heute ist es technisch kein Problem, von Berlin zu einer Konferenz nach Rom zu fliegen und danach an einem Abendessen in Paris teilzunehmen. Wer kommt da noch zu sich selbst? Ich kenne einen Manager, der musste für ein Zwei-Stunden-Gespräch mit seinem koreanischen Geschäftspartner nach Seoul. Die Flugzeit hin und zurück betrug 36 Stunden. Einschließlich Übernachtung war er zwei Tage unterwegs, um sofort danach wieder die liegengebliebene Arbeit zu bewältigen. Kein Wunder, dass er ein Alkoholproblem und eine kaputte Ehe hat.

Ein anderer Manager hatte 1998 die Sanierung eines alten DDR-Betriebes übernommen. Von 6000 Mitarbeitern musste er 5700 Leute »abbauen«, um das Unternehmen zu retten. Dass er der meist gehasste Mann der Region war, ist klar. Die Woche über lebte er in einem kleinen Zimmer in einer ehemaligen Kaserne. Jeden Samstag flog er nach Süddeutschland zu seiner Frau und seinen sieben Kindern. Da er eine Dame aus dem Adel geheiratet hatte, war er verpflichtet, ein standesgemäßes, schlossartiges Anwesen für seine Familie zu erwerben. Ein Anwesen dieser Art ist meistens nur erschwinglich, wenn der neue Besitzer es aufwendig restauriert. Da seine Frau kaum Geld in die Ehe mitgebracht hatte, war der Manager bald bis über beide Ohren verschuldet. Nach dem Wochenende, an dem er sich um die Renovierung des »Schlosses«, seine Kinder und gesellschaftliche Verpflichtungen kümmern muss, fliegt er ermattet zurück in die Öde der Provinz, um das Unternehmen zu leiten und die Produkte zu verkaufen. In seinen Albträumen sieht er die unverkauften Produkte hinter sich herrollen. Er leidet an allen möglichen Krankheiten und möchte aus diesem Wahnsinn aussteigen. Aber wie? Zeit für sich selbst gibt es nicht mehr. Wenn er abends ins Bett sinkt, denkt er an Unerledigtes und kann vor Angst wegen seiner wachsenden Schulden kaum schlafen.

Trink und sei fröhlich, denn bald bist du tot – Michel de Montaigne

Michel de Montaigne, der berühmte französische Philosoph, litt bereits vor 450 Jahren derart unter dem Stress und dem Frust seiner Ämter, dass er mit achtunddreißig verwirklichte, wovon heute viele Stressgeplagte träumen: Nach sechzehn Jahren hing er die rote Robe eines Ratsherrn von Bordeaux an den Nagel, verkaufte sein Amt, erklärte seine Karriere für beendet und zog sich auf sein Landschloss zurück. Hier lebte er am Rand des Gartens in seinem Turm fern der Welt, »seit langem der Bürden des Parlaments und der öffentlichen Pflichten müde, in voller Lebenskraft im Schoß der gelehrten Musen, wo er in Ruhe und Sicherheit die Tage verbringen wird, die ihm zu leben bleiben«. So verkündet es die Inschrift an der Wand der Bibliothek seines Elfenbeinturms. Nietzsche, entzückt von dem Lebensstil des Aussteigers, schreibt: »Dass ein solcher Mensch geschrieben hat, dadurch ist wahrlich die Lust, auf dieser Erde zu leben, vermehrt worden.«

Shakespeare, Voltaire, Diderot, John Lennon oder Astrid Lindgren waren ebenso begeistert von der Lebensphilosophie des Epikureers, der im letzten Zwecks des Daseins das Vergnügen erblickte: »Selbst bei der Tugend ist das Endziel, auf das wir es abgesehen haben, die Wollust. Dieser Wollust sollten wir den Namen des angenehmsten, süßesten und natürlichsten Genusses geben.«

Nun fällt die Entscheidung, nach Epikurs Maxime »wirke im Verborgenen« zu leben, leichter, wenn einem der als Heringshändler reich gewordene Großvater nicht nur ein Schloss, sondern auch das nötige Kleingeld hinterlassen hat. Montaignes philosophische Selbsterkundung begann jedes Mal mit einer Idee, die er bei seinen großen Vorbildern ausborgte. Dieser fügte er ein, zwei weitere Entlehnungen hinzu, bis sein Hirn auf Touren kam und eigene Gedanken produzierte: »Wie meine Träume sich mir darbieten, häufe ich sie an, bald drängen sie sich in Menge heran, bald kommen sie langsam hintereinander hergetrödelt; ich nehme vom Zufall das erste beste Argument, sie sind mir alle gleich gut, und ich halte es nie für unwert, sie vollständig zu erschöpfen.«

Bei dieser sprunghaften Arbeitsmethode entstand natürlich kein klar komponiertes Werk der Lebensweisheit. Montaignes »Essais« sind ein Flickenteppich »vom Wind der Zufälle bewegt«, eine Collage »aus verschiedenen Lappen zusammengesetzt«, ein »Mischmasch, den ich hier zusammenschmiere« und der »ein wenig nach fremdem Gut riecht«.

Montaigne erzählt Anekdoten, bekennt seine Schwächen, verrät seine Begierden, amüsiert sich über Konventionen: »Wir haben die Damen gelehrt zu erröten, wenn sie das bloß nennen hören, was sie sich nicht scheuen zu tun.« Genau in dieser Unbekümmertheit liegt der Reiz der Gedankenspiele, mit denen Montaigne eine neue literarische Gattung begründet. 2700 Seiten lang macht er sich Gedanken über »Menschenfresser«, den »Müßiggang«, »Kutschen«, »Verse des Vergil«, das »Alter« oder »Wie wir über denselben Gegenstand weinen und lachen«. Währenddessen verwaltete Ehefrau Françoise Gutsbetrieb und Schloss, denn der Elfenbeintürmer konnte »kaum Kohl von Salat unterscheiden«. Nach neun Jahren gab Montaigne den ersten Teil seines Werkes dem Drucker: »Dies ist ein aufrichtiges Buch, Leser! Es warnt dich schon beim Eintritt ...« Der 47-Jährige »rüstige Greis« begab sich abenteuerhungrig auf die »große Reise«. In Paris legte er seine Essays König Heinrich III. vor, nahm als alter Haudegen an der Belagerung von La Fère teil, wo sein Freund de Gramont von einer Kugel getötet wurde, und ritt dann von Bad zu Bad, wo er Linderung von seinen Nierensteinen suchte, über Süddeutschland und die Schweiz bis Rom, wo ihn Papst Gregor XIII. in einer Privataudienz empfing.

Als Montaigne in den berühmten Bädern von Lucca planschte, überreichte ihm ein Bote ein Schreiben. Die Ratsherren von Bordeaux hatten Montaigne zum Bürgermeister gewählt. Für jemand, der den Wahlspruch »Ich enthalte mich« erkoren hatte, eine höchst unerfreuliche Beförderung. Was sollte der Mann vom Wald im

Dorngestrüpp der großen Welt? Er wand sich, verwies auf sein Nierenleiden und dachte mit Wehmut an seinen Elfenbeinturm. Da erreichte den Zaudernden der Befehl des Königs, den ungeliebten Job unverzüglich anzutreten. Widerwillig fügte sich Montaigne und musste sogar noch eine zweite Amtszeit dienen.

Nach dem Tod Heinrich III. wurde der protestantische Bourbone Heinrich von Navarra König. Der Hugenottenführer sagte sich: »Paris ist eine Messe wert« und wechselte zum Katholizismus. Seit Jahrzehnten tobten in Frankreich endlose Religionskriege zwischen Katholiken und Protestanten. Hexenverbrennungen, Hungersnöte und Pestepidemien vergrößerten das Elend. Mordend und sengend zogen Soldaten- und Räuberbanden durchs Land. Dass Montaignes Refugium das Chaos überstand, grenzt an ein Wunder.

Heinrich von Navarra besuchte den Weisen wiederholt auf seinem Schloss und bat ihn um Rat. Später als König bot er Montaigne ein Staatsamt an. Doch Montaigne lehnte ab, weil er nicht »Sklave eines anderen« sein wollte.

Den Tod fürchtete Montaigne als wahrer Philosoph nicht. »Wer ihn verleugnet, nimmt dem Leben die Würze«, meinte er und erzählte vom Brauch der alten Ägypter, auf dem Höhepunkt eines Festes ein Menschengerippe herein tragen zu lassen, um die Lebensfreude zu steigern. Lächelnd meinte er: »Trink und sei fröhlich, denn wenn du tot bist, siehst du so aus.«

* * *

Nun könnte man argumentieren, für Besitzende wie Montaigne sei es leichter aus dem Berufsstress auszusteigen, als für den Normalverdiener. Das klingt zunächst überzeugend. Doch stimmt das wirklich?

Epiktet sagt in seinem Handbüchlein der Moral: *»Es ist besser, ohne Furcht und Sorge zu hungern, als im Überfluss, aber ohne Ruhe der Seele zu leben.«*

Die innere Leere

In vergangenen Epochen wollten die Menschen erlöst, errettet, geläutert, befreit oder zivilisiert werden. Der Mensch der Jetztzeit will unterhalten werden.

Er fürchtet nicht um sein Seelenheil, verhungern oder sterben zu müssen, sondern er fürchtet sich vor der Langweile. Obwohl er immer zu wenig Zeit hat, immer unter Druck steht, hat er panische Angst vor der Zeit, die ihm zur Verfügung steht. Denn es ist eine Zeit der Leere. Also ist er ständig auf der Jagd nach Zerstreuung. Diese schizophrene Situation breitet sich auf dem Globus aus wie eine Epidemie und führt zu einer Art Unterhaltungssucht. Man blättert oberflächlich durch Zeitungen, hört nebenher Radio oder hüpft von TV-Kanal zu TV-Kanal.

Da nur noch geschulte Menschen Bücher zu lesen verstehen, greift der Sekundär-Analphabetismus um sich. Sich zu unterhalten ist einfach, ein Buch zu lesen, eine Sprache oder ein Musikinstrument zu erlernen, ist schwierig. Ebenso verhält es sich mit der Liebe zu Gärtnerei oder Hobbytischlerei. Wahre Zufriedenheit entspringt dem ganzen Einsatz von Leib und Seele. Erwin Chargaff hat einmal den schönen Satz geprägt: *»Information wird frei ins Haus geliefert, wertvolles Wissen ist das, was die Seele sucht.«* So kann man heute fast alles mit Geld kaufen – außer den wirklichen Werten.

Doch je mehr Oberfläch-
liches konsumiert wird,
umso mehr wächst die
Sucht, da der Unterhal-
tungshungrige nie gesättigt
wird. Denn er ist Konsu-
ment, der nur verzehrt und
nie etwas erschafft. Die
Sucht nach dem »Echten«,
nach »Authentizität«
wächst. Was aber ist authen-
tisch? Alles, was nicht von
cleveren Marketingleuten
für den Profit geplant ist.

> **»Information
> wird frei ins
> Haus geliefert,
> wertvolles Wissen
> ist das, was die
> Seele sucht.«**
>
> *Erwin Chargaff*

Die Welt des 21. Jahrhunderts ist die korporative Entspre-
chung vom Garten des Sonnenkönigs Ludwig XIV., worin
alles nur auf Wirkung hin konzipiert ist. Wo alles künstlich ist
und nichts die natürliche Lebensfreude des Bauerngartens
spiegelt.

Der ständige Rummel erschöpft und lässt jeden nach der
Sinnhaftigkeit seiner Arbeit und unseres Lebensstils fragen.

Der spanische Jesuitenpater Balthasar Gracían forderte schon
vor 350 Jahren jeden klugen Kopf in seinem »Handorakel
und Kunst der Weltklugheit« auf, »nicht hastig zu leben.«
Denn »die Sachen zu verteilen wissen, bedeutet, sie zu genießen verstehen. Viele sind mit ihrem Glück früher zu Ende, als

mit ihrem Leben. Sie verderben sich die Genüsse, ohne ihrer froh zu werden … Sie sind Postillione des Lebens, die zum allgemeinen rasenden Lauf der Zeit noch das ihnen eigene Überstürzen hinzufügen. Dabei möchten sie an einem Tag verschlingen, was sie kaum im ganzen Leben verdauen könnten. Den Freuden des Lebens sind sie immer voraus, verzehren schon die kommenden Jahre, und da sie so eilig sind, werden sie schnell mit allem fertig … Man sei langsam im Genießen, rasch im Tun: Geschäfte sieht man gern, Genüsse ungern beendigt.« Über den inflationären Wahnsinn unserer Zeit würde er sicher nur den Kopf schütteln.

Wie aber lernt man wieder die Freude an seiner Arbeit, an seinen Mitmenschen, an der Kunst und überhaupt sein Leben zu genießen?

DIE FREUDE AN KLEINEN DINGEN

Der glückliche Philosoph –
Lodovico Alvise Cornaro

Einer, der dieses Problem mustergültig löste, war der Literat, Agronom und Gesellschaftskritiker **Lodovico Alvise Cornaro**. Wie sein späterer Geistesverwandter, der fröhliche Denker Karl Popper, fühlte Cornaro sich als alter Herr »als der glücklichste Philosoph, der mir je begegnet ist«.

Bevor es aber dazu kam, führte Cornaro als Mitglied einer der mächtigsten venezianischen Adelsfamilien ein so ausschweifendes Leben, dass er bereits als 40jähriger zitternd mit einem Bein im Grab stand. Nur mit Mühe gelang es den Ärzten, den durch ständige Orgien nahezu ruinierten Lebemann zu retten. Nachdem er um Haaresbreite dem Sensenmann entwischt war, beschloss Cornaro, sein Leben völlig umzukrempeln. So sorgte er mit eiserner Disziplin für regelmäßigen Lebenswandel und unterwarf sich einer strengen Diät, sodass er seinen Gebrechen erfolgreich zu Leibe rückte.

Nach zwei Jahren Askese erkannten seine Freunde den einstmals versoffenen Lüstling kaum wieder. Je älter und griesgrämiger sie selbst wurden, umso jünger sah Cornaro aus. Das verdankte er seinem einfachen Geheimnis: Er ging regelmäßig mit den Hühnern zu Bett und stand mit den Vögeln auf, machte täglich lange Spaziergänge, enthielt sich loser Weiber, nippte höchstens an Feiertagen am Wein, hielt mehrmals am Tag Zwiesprache mit seinem Herrgott, aß viel frisches Gemüse und keine fetten Speisen, verbannte düstere Gedanken und erfreute sich an der Schönheit der Natur. Er sang und lachte gerne, erfreute sich an schöner Literatur und Kunst und versuchte, seine Empfindungen in erlesene Worte zu fassen.

Als 80jähriger machte Cornaro sich über 60jährige Tattergreise lustig, denn er selbst flitzte beschwingt die Treppen und Hügel seines Anwesens auf und ab und ritt schneidig wie ein junger Kavallerist zur Hasenjagd. Stets gutgelaunt, erfreute er sich an der Gestaltung seines schönen Anwesens, »welches in der besten Gegend Paduas« lag. Im Frühling und im Herbst besuchte er seine Freunde in den umliegenden Städten und lernte durch sie neue außergewöhnliche Leute kennen: Architekten, Maler, Bildhauer, Musiker und Landökonome. Mit kindlicher Freude lauschte er ihren Worten, ihrer Musik und betrachtete ihre neuesten Werke.

Auf der Rundreise entzückte Cornaro die Schönheit der Landschaft, der Landhäuser, Gärten und Stadtanlagen. »Und diese Genüsse werden mir nicht geschmälert durch Abnahme des Auges oder des Ohres: alle meine Sinne sind Gott sei Dank in vollkommen gutem Zustand, auch der Geschmack, indem mir jetzt das Wenige und Einfache, was ich zu mir nehme, besser schmeckt als einst die Leckerbissen zur Zeit, da ich so unordentlich lebte.«

Zu dieser Glücksbereitschaft kommt ein gesunder Humor. Im hohen Alter verfasste Cornaro eine spitzbübische Komödie, die er mit seinen Freunden zum Vergnügen der Nachbarn aufführte.

Mit den älteren seiner 18 Enkel verband ihn eine herzliche Freundschaft. Ihnen erklärte er den Lauf der Gestirne und gemeinsam musizierten sie. »Ja, ich selbst singe auch und habe jetzt eine bessere, hellere und tönendere Stimme als je. Das sind die Freuden meines Alters. Mein Leben ist also ein lebendiges und kein totes, und ich möchte mein Alter nicht tauschen gegen die Jugend eines solchen, der den Leidenschaften verfallen ist.«

In seiner »Ermahnung«, die er seinem Lehrbuch »Vom maßvollen Leben« beifügte, freute er sich, dass sein »Traktat« so vielen Menschen den Weg zur Lebenskunst gewiesen hatte. Der fröhliche Philosoph schloss 1566 mit 83 Jahren seine glücklichen Augen für immer.

In seinem berühmten Traktat, das nach und nach in alle europäischen Sprachen übersetzt wurde, schilderte der jugendliche 74jährige, wie er den Stein der Weisen des Glücklichseins entdeckt hatte: Cornaro beherrschte ganz einfach die Kunst, bescheiden zu leben, sich nicht zu verausgaben, die Sorgen fernzuhalten und sich tagtäglich an kleinen Dingen zu erfreuen. Er sorgte also ständig für die Gesundheit seiner Seele.

* * *

Einer, der sich ebenfalls mit großem Genuss an den kleinen Dingen des Lebens erfreuen konnte, war der persische Dichter, Mathematiker und Astronom Omar Khayam (1048–1131). Er dichtete großartige Vierzeiler, überarbeitete und verbesserte astronomische Tabellen, reformierte den muslimischen Kalender und machte sich verdient um die Weiterentwicklung der Algebra.

Die Poesie des Rosengartens – Omar Khayam

Omar Khayams Vater, dessen Berufsbezeichnung »Zeltmacher« der Dichter als Beinamen trägt und unter dem er 750 Jahre später weltberühmt wurde, ermöglichte dem Sohn einen beschaulichen Lebensstil.

Religion hielt Omar für Mummenschanz und ständig plagten ihn Zweifel am Sinn des Lebens: »Warum ich in die Welt kam, weiß ich nicht. Ich kam so wie der Regen nieder rauscht, jedoch woher ich kam, das weiß ich nicht. Ich wehe durch die Welt, so wie der Wind mit wilden Wirbeln durch die Wüste weht, – jedoch wohin ich wehe, weiß ich nicht.«

Durch die Welt trieb es Omar Khayam tatsächlich, wenn er auf seinen geistigen Höhenflügen den Kosmos durcheilte und Nacht für Nacht mit wachem Blick den Lauf der Gestirne beobachtete. Tagsüber vertiefte er sich in die Probleme der höheren Mathematik, denn er arbeitete an seinem Standardwerk über Algebra. Das auf arabisch verfasste Buch wurde eine Sensation und begründete Omar Khayams Ruf, einer der besten Köpfe des Landes zu sein. Wissenschaftszirkel luden ihn zu Vorträgen ein. Omar Khayam lehnte ab, denn zum einen war ihm das Reisen zu anstrengend, zweitens gingen ihm Karrieregelehrte auf die Nerven, und außerdem glaubte er nicht an den Wert wissenschaftlicher Erkenntnisse: »In manchen Hörsaal bin ich eingetreten, voll Sehnsucht nach der Weisheit Lichtgefunkel. Was ich an klugen Sprüchen auch vernahm – tja, durch dieselbe Tür, durch die ich kam, bin ich hinausgeschritten in das alte Dunkel.«

Statt mit langweiligen Professoren saß Omar Khayam lieber mit Schach spielenden Freunden und hübschen Frauen in seinem Rosengarten und versuchte, jedem Tag ein Stückchen Glück abzugewinnen.

Da erreichte die Kunde seiner Fähigkeiten den Sultan Malik-Schah. Diesem waren die Kalender seines Riesenreiches zu unpräzise, und daher erteilte er Omar Khayam den Auftrag, die Kalenderreform zu übernehmen. Nach vier Jahren akribischer Arbeit lag der neue Kalender vor. Nun stand Omar Khayam unter dem Schutz des Herrschers. Und das war gut.

Denn längst war sein unkonventioneller Lebensstil den fundamentalistischen Mullahs ein Dorn im Auge. Die Frömmler gingen ihm wiederum so auf die Nerven, dass er Spottverse gegen sie verfasste: »Auf leisen Sohlen, um den frommen Seelen kein Ärgernis zu geben, schleichen wir der Schenke zu. Den Turban, das Gebetbuch verkaufen wir für rosenfarbenen Wein. Führt uns der Weg an der Moschee entlang, nur leise, leise, und in weitem Bogen vorüber, damit des Mullahs öde Predigt nicht unser armes Ohr beleidigt.«

Die Gottesmänner rächten sich, indem sie Omar Khayam wegen Gottlosigkeit verdammten und ihm die fürchterlichsten Höllenstrafen prophezeiten, falls er nicht von den lockenden Leibern liebesfroher Mädchen und den Wonnen des Weines ließe. Das tangierte den Dichter nicht. Wann immer er Zeit fand, ergab er sich den Genüssen, denn für ihn war klar, dass neben Gesundheit und Freiheit das wichtigste Gut im Leben eines Menschen die Zeit ist, und die nutzte er, wann immer es möglich war:

> *»Geliebte, komm – die Nacht sinkt schon herab, durch deine Schönheit, deinen Frohsinn verscheuch die Zweifel, die in meiner Seele dunkeln. Lass heiter uns den vollen Krug erheben und trinken, – bevor die Welt aus unserm Staube lachend Weinkrüge für die Andern macht.«*

Die heitere Lebensart bekam dem Dichter gut, und er wurde 86 Jahre alt.

Omar Khayams kleine Gedichte wurden 1858 erstmals durch Edward Fitzgeralds englische Übersetzung im Westen bekannt und waren sofort ein Hit. Die Gelassenheit der Seele, die Freude an der Schönheit der Frauen, dem Duft des Weins, faszinierten die puritanischen Engländer. Die Verse des alten Persers wurden, neben der

Bibel, zu einem der meistgedruckten Bücher der Erde. Als die kostbare Original-Handschrift 1912 nach Amerika gebracht werden sollte, versank sie mit der Titanic in der Ewigkeit des Atlantiks. Der Dichter hätte sicher darüber gelächelt, denn ihm war klar, dass nichts auf dieser Erde Bestand hat.

* * *

Aber um das kleine Glück zu finden, muss man kein berühmter Dichter und Mathematiker sein. Mir erzählte einmal eine ältere Gärtnerin, die seit 53 Jahren liebevoll ihren Garten pflegte: »Ich weiß, was meine Pflanzen an Wasser, Sonne, Pflege und Zusprache brauchen. Das ist eine schöne Arbeit. Es heißt ja jetzt immer, Bäume und Pflanzen bräuchten angeblich wissenschaftliche Betreuung. Aber in Wirklichkeit brauchen sie etwas Anderes.« Ihr wettergegerbtes Gesicht war braun und gesund, ihre braunen Augen strahlten von einer berührenden inneren Ruhe. Ich staunte, dass sie immer noch berufstätig war. Wahrscheinlich hätte sie schon vor Jahren in Rente gehen können. »Das Wichtigste sind Liebe und Zuneigung. Ich weiß, was jede kleine Blume und jeder mächtige Baum in meinem Garten brauchen. Wir halten Zwiesprache miteinander. Wir lieben und achten uns.«

DIE WEISHEIT DES TRÄUMENS

»Ein Bettler, der jede Nacht träumt, König zu sein, ist er nicht auch ein König?«, sagt sinngemäß Friedrich Nietzsche. Dass Träume beglücken können, hat jeder schon einmal erlebt.

Wunderbar ist ein Gedicht der großen japanischen Dichterin Ono no Komachi (Mitte 9. Jahrh.), worin sie sagt: »Seit ich im Schlaf den Mann gesehen, den ich von Herzen liebe, seit dieser Zeit erst liebe ich der Träume bunte Falter.«

Und ebenso eines der Koreanerin Myong'ok (um 1600): »Glaub nicht, er komme ins Traumland, hör ich die Freundinnen sagen. Doch wenn ich brenne vor Sehnsucht, wo such ich ihn außer im Traum? O Liebster, lass es dem Traum nicht, komm öfter und halte mich wach!«

Und oft ist der Traum schöner, als es die Wirklichkeit sein kann.

Die alten Griechen, Ägypter und Babylonier hielten im Gegensatz zu vielen späteren Gelehrten wie Aristoteles bis hin zu Sigmund Freud – abgesehen von den Mystikern – den Traum nicht für ein Produkt der träumenden Seele, sondern für eine göttliche Eingebung. Trotz aller modernen wissenschaftlichen Experimente und Anstrengungen ist es jedoch nicht gelungen, das Geheimnis des Traumes zu entschlüsseln. Freuds gewundenen Erklärungsversuche in seiner »Traumdeutung«, wonach jeder Traum ein Wunschtraum sei und dem sexuellen Begehren entspränge, wirken manchmal geradezu infantil.

Eine sehr schöne Erklärung des Traumes fand ich einmal in einem alten Lexikon. Der Autor des Artikels meinte, dass im Zustand des Wachseins die Tätigkeit der Seele durch äußere Aktivitäten bestimmt würde und daher die Eindrücke auf die Sinne Denken und Fühlen beeinflussen. Im Schlaf dagegen sei der Verstand im Zustand der Ruhe, und die Phantasie verarbeite die Seeleneindrücke ohne Kontrolle durch den Intellekt. Das ist ein sehr schöner Gedanke, der zugleich den Wachtraum erklärt.

Beim Wach- oder Tagtraum lässt man seiner Phantasie freien Spielraum. Auf diese Weise werden mit offenen Augen träumend herrliche Stimmungen, Visionen oder grandiose Ideen erzeugt. Trotzdem unterliegt der Wachtraum immer ein wenig der Überwachung durch den Willen. Die Phantasie nimmt den Stoff zu den Ideen aus dem Gedächtnis, indem sie ganze Bilderfolgen aus der Vergangenheit in Variationen wiederholt oder aus verschiedenen Erlebnissen zusammensetzt. Daher träumen Blindgeborene nie vom Sehen, Erblindete nur noch eine Zeit lang nach dem Erblinden von Sichtbarem, Taube nicht von Hörbarem.

Doch es gibt Träume, worin, für die moderne Wissenschaft gänzlich unerklärbar, nachweislich Probleme der Philosophie oder Kunst gelöst worden sind. Dabei verbindet sich die Kraft der Phantasie mit der Weisheit im Traum zu einem Gedankenflug, der während des Wachtraums nie stattfindet. Hier wirkt offenbar jene spirituelle, »vorwissenschaftliche« Inspiration, von denen die antiken griechischen Philosophen berichten.

Der berühmte Wanapum-Schamane Smohalla, einer der bedeutendsten religiösen Führer der nordamerikanischen Indianer, Stifter und Wegbereiter des Träumerkultes am Ende der siebziger Jahre des 19. Jahrhunderts, wurde von E. H. Huggins besucht. Sein Bericht über die Begegnung enthält folgenden bemerkenswerten Dialog:

HUGGINS: *Das Land füllt sich mehr und mehr mit Weißen und ihren Herden. Fast alles Wild ist verschwunden. Würde es da nicht für eure jungen Männer besser sein, die Arbeit des weißen Mannes zu erlernen?*

SMOHALLA: *Meine jungen Männer werden niemals arbeiten. Menschen, die arbeiten, können nicht träumen, und Weisheit kommt aus Träumen.*

HUGGINS: *Aber eure jungen Männer müssen zur Zeit des Fischfangs doch auch hart arbeiten, um Vorräte für den Winter zu sammeln.*

SMOHALLA: *Diese Arbeit dauert nur ein paar Wochen. Außerdem ist es eine natürliche Arbeit. Sie schadet ihnen* nicht. Die Arbeit des weißen Mannes dagegen verhärtet Seele und Leib. Und es ist nicht recht, die Erde zu zerhacken, wie es der weiße Mann tut.

HUGGINS: Aber ihr grabt doch auch nach Wurzeln. Sogar jetzt graben deine Leute nach Camaswurzeln in den Bergen.

SMOHALLA: Wir nehmen nur die Gaben, die uns freiwillig geschenkt werden. Wir verletzen die Erde nicht mehr, als der Finger des Säuglings die Brust seiner Mutter verletzt. Der weiße Mann aber reißt riesige Flächen des Bodens auf, zieht tiefe Gräben, holzt Wälder ab und verändert das ganze Gesicht der Erde. Ihr wisst sehr gut, dass das nicht recht ist. Jeder aufrichtige Mann weiß in seinem Herzen, dass das gegen die Gesetze des Großen Geistes verstößt. Aber die Weißen sind so habgierig, dass sie sich darüber keine Gedanken machen.

HUGGINS: Du sagst, Weisheit kommt aus Träumen, und alle, die arbeiten, können nicht träumen. Aber der weiße Mann, der arbeitet, kennt viele Dinge und kann viele Dinge machen, die dem Indianer unbekannt sind.

SMOHALLA: Seine Weisheit kommt aus seinem Kopf und seinen eigenen Gedanken. Solche Weisheit ist armselig und schwach.

HUGGINS: *Was ist die Weisheit, von der du sprichst, und die aus Träumen kommt?*

SMOHALLA: *Jeder muss die wahre Weisheit selber erfahren. Sie kann nicht mit Worten gelehrt werden, sie kann nicht mit Worten erfasst werden.*

HUGGINS: *Dann kann sie nur in Träumen erfahren werden?*

SMOHALLA: *Vieles kann auch gelernt werden, indem man singt und tanzt mit dem Träumer während der Nacht. Du hast die Weisheit deines Volkes, weißer Mann. Sei damit zufrieden.*

Nun darf man die Macht der Träume tatsächlich nicht unterschätzen. C.G. Jung sagt: »Der Traum gehorcht nicht nur nicht unserem Willen, sondern stellt sich sogar recht häufig in grellen Gegensatz zu den Absichten des Bewusstseins.«

Über Jahrhunderte waren auch die Gläubigen der christlichen Kirchen überzeugt, dass es »somnia a Deo missa« gibt, von Gott gesandte Träume, die Geist und Seele erleuchten, und die auf keinen Fall auf äußeren Ursachen basieren. Denn nach alter kirchlicher Weisheit offenbart sich Gott überall, warum also nicht und besonders im Traum? Als Beleg dafür galt der berühmte Traum des Pharaos der Bibel von den sieben fetten und mageren Kühen, den der Hebräer Joseph

> **»I have a dream«**
>
> **Martin Luther King**

hellsichtig deutet und eine Hungersnot in Ägypten verhindert. Der Traum des Herrschers und die Erklärung seines Traumdeuters brachten einem ganzen Land Glück.

»I have a dream« war auch die magische Beschwörung des schwarzen Predigers Martin Luther King, mit der er den Kampf um die Gleichberechtigung der unterdrückten schwarzen Minderheit in den USA aufnahm – und in gewisser Weise zum Erfolg führte. Ohne diesen Traum wäre der afroamerikanische Präsident Barack Obama heute nicht vorstellbar. Träume haben also unbestreitbar Macht und großen Einfluss auf unser Denken und Handeln.

Mahatma Gandhis Traum von der gewaltlosen Befreiung Indiens wurde genauso Wirklichkeit wie Carl Zuckmayers Traum von der Befreiung aus dem »goldenen Käfig« Hollywood. Diese Träume von Freiheit – auch der von Martin Luther King – wurden von einem Philosophen aus dem amerikanischen Bundesstaat Massachusetts inspiriert, dessen konsequentes Leben beispielhaft ist, und dessen Porträt daher hier als leuchtendes Beispiel eines Protagonisten der Philosophie der Bescheidenheit präsentiert wird.

Das kleine Glück im Wald –
Henry D. Thoreau

Henry D. Thoreau, in gewisser Weise der erste Grüne, wurde am 12.7.1817 in Concord/Mass. geboren, wo er auch am 6.5.1862 starb. Eines Tages hatte Thoreau das Leben in der Zivilisation satt. Alles, was er bisher versucht hatte, befriedigte ihn nicht, obwohl seine Startbedingungen für den Lebenskampf als Harvard-Absolvent gar nicht so schlecht waren. Durch die Vermittlung seiner Schwester bekam Thoreau einen Lehrerposten. Die Eltern atmeten auf, denn jetzt schien die Zukunft ihres Sorgenkindes gesichert. Doch Thoreau missbilligte die Prügelpädagogik seiner Kollegen. Als ihn eines Tages der Direktor des Gymnasiums rügte, weil er seine Schüler nicht »körperlich züchtigte«, loste der Menschenfreund vor den Augen seines Chefs ein halbes Dutzend Schüler aus, ließ sie vortreten, gab jedem einen symbolischen Klaps mit dem Lineal – und kündigte.

Auf der Suche nach dem Sinn des Lebens begann Thoreau am 22. Oktober 1837 ein Tagebuch mit den Worten: »*Um allein zu sein, ist es notwendig, der Gegenwart zu entfliehen. Ich meide mich selbst ... Ich suche eine Dachkammer auf.*« Wenn er nicht in der Dachkammer grübelte, besuchte er seinen väterlichen Freund und großen Philosophen Ralph Waldo Emerson, für den Thoreau bald zur Verkörperung seines Ideals des »amerikanischen Gelehrten« werden sollte. Dergestalt seelisch aufgebaut, kam Thoreau auf die Idee, wie ein sinnvolles Leben aussehen könnte. Er gründete mit seinem älteren Bruder eine Privatschule, die sehr erfolgreich wurde. Doch drei Jahre später starb der Bruder und Thoreau fiel in tiefe Depressionen – die Schule wurde wieder geschlossen.

Emerson lud den Deprimierten ein, in seiner Villa zu wohnen. Hier mähte Thoreau den Rasen, putzte das Silberbesteck und vergrub sich in seine Gedankenwelt. Ein Angebot von esoterischen Freunden, mit ihnen eine Landkommune zu gründen, lehnte der Einzelgänger ab. Zugleich trat er aus der Kirche aus, mit der Begründung: »Ich will keiner Vereinigung angehören, der ich nicht aus freiem Entschluss beigetreten bin.«

Emerson vermittelte Thoreau eine Hauslehrerstelle nahe der Pressehochburg New York, in der Hoffnung, dass sein Schützling eine Stelle als Journalist finden würde. Doch Hektik und Elend der Metropole machten Thoreau depressiv: »Die Schweine auf der Straße sind hier noch der respektabelste Teil der Bevölkerung.«

Frustriert kehrte er nach Hause zurück, arbeitete in der Bleistiftfabrik seines Vaters und half beim Neubau der Familienvilla, bis er sich wieder langweilte.

Plötzlich hatte Thoreau die Erleuchtung. »Ich möchte bald fort und am See leben, wo ich nur den Wind im

Schilf flüstern höre. Es wird von Erfolg sein, wenn ich mein Selbst hier zurücklasse. Freunde fragen mich, was ich dort machen will. Ist es nicht Beschäftigung genug, den Lauf der Jahreszeiten zu verfolgen?«.

Emerson stellte ihm ein Grundstück zur Verfügung, und der Aussteiger zog mit seiner Werkzeugkiste in den Wald, baute sich eine Hütte und führte ein Leben wie Franz von Assisi. Thoreau war glücklich »wie der erste Mensch im Paradies«. So wurde er zum Ökologie-Pionier und bedeutendsten amerikanischen Naturdichter, denn wunderbar ist seine Gabe, in die Charakterologie von Naturgeschöpfen einzudringen: »Daneben fließt burgunderartig ein Bach auf eisenrotem Sand im dunklen Moor, Moorwein.« Er verfasste ein Buch über sein »Leben in den Wäldern«. Doch es wurde ein Misserfolg, und so schrieb er seitdem nur noch für die Schublade.

Als Thoreau sich weigerte, ein paar Dollar Steuern zu zahlen, brach eines Tages die Zivilisation über den Aussteiger herein. Der Steuereinnehmer ließ ihn verhaften und einsperren. Thoreaus Weigerung war ein Protest gegen die US-Verfassung, welche die Sklaverei billigte: »Sklaven sind keine US-Bürger, sondern dingliches Eigentum«. Zutiefst empört über die Ungerechtigkeit verfasste Thoreau den Essay »Über die Pflicht zum Ungehorsam gegen den Staat«. Das knapp 100 Seiten starke Büchlein erwies sich 60 Jahre später als reinstes Dynamit. Es inspirierte Mahatma Gandhi zu seinem gewalt -

losen Freiheitskampf, die Kämpfer der französischen Résistance im Zweiten Weltkrieg, Martin Luther King und Millionen freiheitsliebende Menschen in aller Welt. Damit hatte Thoreau – wie F. L. Patte sagte –, »für die Unabhängigkeit des amerikanischen Denkens mehr geleistet als jeder andere Schriftsteller.«

Sein letztes Werk war, nachdem er aktiv gegen die Sklaverei gekämpft, entlaufenen Sklaven Fluchthilfe geleistet und in theoretischen Schriften die Doppelmoral der US-Regierung angegriffen hatte, ein Essay über John Brown. Thoreau hatte den radikalen Kämpfer gegen die Sklaverei 1857 kennen gelernt. Am 2. Dezember 1859 ließ die US-Regierung John Brown hängen. Erschüttert schrieb Thoreau »Die letzten Tage des John Brown« und starb drei Jahre später.

Seine wichtigste Botschaft heißt: *»Darf der Bürger auch nur für einen Augenblick und im geringsten Grad sein Gewissen dem Gesetzgeber überlassen? Wozu hat denn jeder Mensch ein Gewissen?«*

* * *

Träume können also wahr werden, sofern der Traum stark ist und der Träumer nicht schwach wird und seinen Traum verwirklicht. Nun gibt es dafür Tausende und mehr Beispiele. Denn Glück kann einem in den Schoß fallen, am Glücklichsein hingegen muss man arbeiten.

DAS ROBINSON-CRUSOE-PRINZIP

In Daniel Defoes berühmtem Roman von 1719 folgt der Held Robinson Crusoe unbewusst genau dem Erfolgsrezept der Stoiker zum Glücklichsein: Mach dich unabhängig! Erwarte nichts von anderen und stell dich auf deine eigenen Füße. Das bedeutet: Bau nur auf dem auf, was in deiner eigenen Macht liegt! Und mach dir um alles andere keine Sorgen, denn du kannst sowieso nichts tun und keinen Einfluss darauf nehmen.

In Defoes Abenteuergeschichte strandet der junge Seemann Robinson Crusoe allein auf einer einsamen Insel und lebt dort 28 Jahre. Die übrige Schiffsbesatzung ist ertrunken. Vom Schiffswrack birgt er Werkzeug, Waffen, Munition und Kleidung. Er wohnt in einer Höhle, jagt wilde Ziegen und zähmt sie später, pflanzt einen Obstgarten und züchtet sogar Getreide. Um nicht geistig zu versumpfen, schreibt er regelmäßig Tagebuch, worin er seine Erlebnisse sorgfältig aufzeichnet und führt ein glückliches Leben, weil er mit dem zufrieden ist, was er hat. Als er seine berühmte Bilanz zwischen dem Guten und dem Schlechten zieht, das seine Situation prägt, kommt er zum Schluss, dass »kein Zustand auf der Welt so elend ist, um darin nicht auch etwas Gutes erkennen zu können.« Denn mit Gottvertrauen und Tatkraft lassen sich auch ausweglos erscheinende Lagen meistern, und Wohlergehen kann nur durch harte Arbeit erlangt werden: »Mein Lebtag hatte ich kein Handwerkszeug in der Hand gehabt, aber ich fand, dass man mit Arbeit und Fleiß, Geduld und einigem Scharfsinn erstaunlich viel fertig bringt. ... Es war unnütz, mich dabei aufzuhalten, herbeizuwünschen, was nicht zu haben war; und dieser Gedanke war es, der mich zur Arbeit antrieb.«

Robinson musste ums Überleben kämpfen. Was er anfasste, musste zum Erfolg führen. Darum gab er immer sein Bestes, egal, ob er niedergeschlagen oder voller Zuversicht war. Davon hing seine gesamte Existenz ab. Wenn es an manchen Tagen nicht 100prozentig ging, so schaffte er eben mit dem Einsatz aller Kräfte nur 75 Prozent seiner Aufgabe. Trotz vieler Rückschläge aus Unkenntnis der Dinge, lernte er aus seinen Fehlern und erreichte durch seine Beharrlichkeit nach und nach jedes seiner gesetzten Ziele. Der Kampf ums nackte Überleben ließ bei ihm nicht einmal den Gedanken an Jammerei aufkommen. Denn Jammern hilft nicht, sondern nur tatkräftiges Zupacken und Lernen.

Ein chinesisches Sprichwort sagt: »*Es gibt keine Sache, die man nicht im dritten Anlauf erreicht.*« Und manchmal erst beim vierten oder fünften. Immer sein Bestes zu geben, heißt, vollkommen konzentriert in der Gegenwart zu leben und unabgelenkt seine Aufgabe zu erledigen. Wer seine Arbeit lieben lernt, dem kommt die Freude zu Hilfe. Die meisten modernen Menschen gehen deprimiert zur Arbeit und sitzen gequält ihre Stunden ab und warten, dass die Zeit vergeht. Diese totgeschlagene Zeit ist für sie verlorene Lebenszeit. Das fühlen sie, und deshalb sind sie unglücklich. Ständig haben sie Fluchtgedanken und wann immer es möglich ist, flüchten sie in den Kurzurlaub, in den Shoppismus, in Wirtshäuser oder gar in den Drogenrausch – und vergrößern dadurch ihr Elend.

> **»All unser Missvergnügen über das, was uns fehlt, scheint bloß aus dem Mangel an Dankbarkeit für das zu entspringen, was wir haben.«**
> **Daniel Defoe**

Defoes Buch ist ein großartiges Lehrbuch für den modernen Menschen. Ganz recht: für den *modernen* Menschen. Denn die Erkenntnisse darin sind zeitlos. Gibt es eine schlagendere Erkenntnis als: »*All unser Missvergnügen über das, was uns fehlt, scheint bloß aus dem Mangel an Dankbarkeit für das zu entspringen, was wir haben.*«

Sind wir nicht alle in unserem Leben zumindest einmal eine Art Robinson Crusoe? Jeder strandet irgendwann allein auf einem Eiland, fühlt sich von Freunden und Verwandten verlassen und muss, wirtschaftlich, gesundheitlich, sozial, psychisch oder im wahrsten Sinne des Wortes ums Überleben kämpfen. Wie der Iraker Dschawad Amir-Schimari.

1,6 Quadratmeter Freiheit –
Dschawad

Dschawad wuchs bereits als Kind mit der Angst vor Saddam Husseins Regime auf. Als er zur Armee musste, starb gerade einer seiner Brüder im Krieg gegen den Iran den »Märtyrertod«. Dschawad versteckte sich ein paar Jahre hinter dem Funkgerät. Er wollte nicht den Heldentod sterben. Als gläubiger Schiit wollte er fünfmal am Tag um Frieden beten, mehr nicht. Das war ein sehr bescheidener Anspruch ans Leben – aber unter dem Diktator reichte eine friedfertige Lebenseinstellung bereits, um zum Tode verurteilt werden zu können. Das Terrorregime schlug wahllos zu. Saddams Schergen hatten 15 Freunde von Dschawad aufgehängt. Er wollte nicht der Sechzehnte sein.

Doch wohin sollte er fliehen? Der Irak war hermetisch abgeriegelt, überall lauerten Häscher. In einer Nacht zog Dschawad zwischen dem Zimmer seiner Mutter Asisa und der Küche eine Wand. Auf diese Weise entstand ein geheimer Raum von 2 m Länge und 80 cm Breite, der durch ein 30 cm breites, 50 cm tiefes Einstiegsloch im Boden zu erreichen war. Auf dem Einstiegsloch lag ein aus Ziegeln gemauerter Deckel, darüber ein Pappkarton und obendrauf stand das Bett seiner Mutter.

Dschawad verschwand spurlos. Nur seine Mutter und

sein Bruder wussten, wo er sich versteckt hielt. Die Mutter versorgte ihn mit Lebensmitteln. Der seltsame Einsiedler, der sich quasi lebend begraben hatte, bekam Licht durch einen Spalt in der Decke. In seinem Verlies gab es einen Brunnen, den er als Toilette benutzen konnte, denn das Wasser darin floss ab. Ein kleiner Ventilator sorgte in der Hitzeperiode für Kühlung, eine Decke im Winter für Wärme. Zwei Bücher sorgten für geistige Betätigung: der Koran und ein Werk über den Propheten Mohammed. »Es war nie langweilig«, sagte Dschawad. Er schlief sieben Stunden. Der Wecker läutete jeden Tag um 4.30 Uhr. Er stand auf, setzte sich die Kopfhörer auf und schaltete sein Radio an. Niemand hörte jemals ein Geräusch von ihm außerhalb seines Kerkers. Er betete fünfmal am Tag und machte Klimmzüge an einem Griff, den er an der Decke befestigt hatte. Er kochte Reis auf einem kleinen Elektrokocher, malte Porträts von seinen Freunden und den Mitgliedern seiner Familie und meditierte über Allah.

»Allah ist groß«, sagte Dschawad nach der Rückkehr ins soziale Leben. »Er lehrt uns Geduld. Ich hatte 21 Jahre lang Geduld.« Allerdings überkam ihn in der Einsamkeit manchmal die Angst. Er hatte so viel Angst, dass er seine Zelle alle paar Wochen nur für einige Minuten nachts verließ, um im Zimmer seiner Mutter ein paar Schritte zu gehen. Als er am 10. April 2003 im Radio hörte, dass in Bagdad Saddams Monumentalstandbild niedergerissen sei, beschloss er, seine Einsiedelei aufzugeben. Als er herauskam, traf ihn die Sonne wie ein Schlag. Seine Mutter musste ihm eine Sonnenbrille holen. Draußen im Innenhof der Familie standen ein rostiges Benzinfass und drei rostige Bettgestelle, auf denen die Familie im Sommer schlief. Es war alles genauso, wie er es vor 21 Jahren verlassen hatte. Nur Dschawad selbst war inzwischen 49 Jahre und ein alter Mann geworden – aber: Er hatte überlebt!

* * *

Es gibt aber auch Menschen, die sich freiwillig vom Mainstream verabschieden, weil sie keinen Sinn mehr in der sinnlosen Raffgier, im Kampf nach mehr Erfolg, Geld, Anerkennung oder Macht sehen.

Sorglos im Gemüsegarten – Scott Nearing

Ein Musterbeispiel dafür ist der legendäre Amerikaner **Scott Nearing**. Nearing entwickelte mit seiner Frau Helen ein Konzept, wie der bürgerliche moderne Mensch sich dem Druck des global umfassenden Monopolkapitalismus erfolgreich entziehen kann.

In seiner lehrreichen, sehr empfehlenswerten Autobiographie »Ein Leben gegen den Strom«* schreibt er: »Die Entscheidung Harry Trumans, die Stadt Hiroshima auszuradieren, war das Ereignis, dass mich endgültig aus meinen gefühls- und gewohnheitsmäßigen Bindungen an die westliche Zivilisation riss. Es geschah an meinem 62. Geburtstag, dem 6. August 1945. An diesem Tag schrieb ich an Präsident Truman: ›Ihre Regierung ist nicht länger die meine. Von diesem Tag an trennen sich unsere Wege. Sie werden Ihren selbstmörderischen Kurs weiter steuern, die Welt verfluchen und verderben. Ich dagegen widme mich der Aufgabe, bei der Gründung einer menschlichen Gesellschaft zu helfen, die auf Zusammenarbeit, sozialer Gerechtigkeit und menschlichem Wohlergehen beruht.‹ ... Ich empfand, dass der Gebrauch atomarer Waffen gegen Japan nicht nur ein Ver-

---

* Deutsche Ausgabe, Pala-Verlag, Schaafheim, 1983

brechen gegen die Menschheit war, sondern ein Fehler, der dazu führen würde, die zerstörerischen Kräfte auf diesem Planeten ins Unermessliche zu steigern.«

Prophetische Worte.

Nearing kämpft als unbeugsamer Aufklärer, schreibt Artikel gegen den Wahnsinn, hält Vorträge, rüttelt seine Mitbürger im Rundfunk auf. »Ich habe mich abgewendet von der amerikanischen Oligarchie, dem amerikanischen Lebensstil, dem amerikanischen Jahrhundert, dem amerikanischen Imperialismus, der westlichen Zivilisation.« Für Nearing ist die moderne amerikanische Lebensweise hässlich, ausbeuterisch, menschenverachtend.

Er (und viele andere aufrechte Amerikaner), die sich standhaft weigern, sich dem Konsumwahn sowie der Macht der Wirtschaft, der »unaufhörlichen Gehirnwäsche, die von der Oligarchie betrieben wird«, zu beugen, beschließt, nachdem seine akademische Karriere wegen seines Kampfes gegen die Wirtschaftsoligarchie ruiniert worden ist, weiterhin als unabhängiger Lehrer seinen Beitrag für die Kultivierung des Planeten Erde zu leisten und solange zu reden und zu schreiben, wie es ihm gestattet ist. Doch nun kommt die entscheidende Frage: Wie und wovon kann er sein Engagement finanzieren?

»Viele meiner Freunde und Genossen der Linken, die der Sache treu blieben, lebten als Lastkraftwagenfahrer, trugen Milch und Zeitungen aus, arbeiteten als Kellner, Packer oder fuhren Taxi.« Nearing entscheidet sich für das Landleben, denn er ist überzeugt, dass man auf dem Land würdig leben kann, auch wenn man materiell arm ist, »denn man kann wenigstens seine eigene Nahrung anbauen«, anstatt sie im Supermarkt von den letzten Cents kaufen oder gar aus Mülltonnen klauben zu müssen. Zudem bietet das Landleben die Möglichkeit, intensiv mit der Natur zu leben, Erde, Sonne, Wasser, den Wechsel der Jahreszeiten und Vogelgesang zu genießen. Für einen solchen Lebensstil braucht man wenig Kapital, und die bei kluger Haushaltung geringen Kosten ermöglichen sogar, noch etwas zu sparen.

Als Nearing die Entscheidung für einen Neuanfang jenseits der Städte trifft, ist er fast 50 Jahre alt. Er beginnt also in einem Alter, in dem Durchschnittsmenschen sich ausgelaugt nach der Rente sehnen. Mit seiner zweiten, zwanzig Jahre jüngeren Frau, der Violinistin Helen Knothe, zieht er 1932 in den Neu-England-Staat Vermont – aus ähnlichen Überlegungen wie ein paar Jahre später Carl Zuckmayer. Sie kaufen eine kleine, he‑rabgewirtschaftete Farm auf 600 m Seehöhe. Sie bezahlen 300 $ bar und nehmen eine Hypothek von 800 $ auf. Das sind überschaubare Schulden. Mit Hilfe von drei Nachbarbauern und einem Zimmermann aus der Umgebung reparieren sie nach und nach Wohnhaus und Scheune und bauen später ein solides Steinhaus hinzu. In langsamer, aber stetiger Arbeit entsteht so ein schmuckes Anwesen, das einen ganz eigenen Zauber besitzt.

Doch wovon sollen sie leben? Es ist genau die Frage, die Carl Zuckmayer ebenso bewegte, wie später Tausende von Aussteigern. Zunächst wollen sie mit Forstwirtschaft ihr Geld verdienen, doch dann sehen sie die Nachbarn bei der Produktion von Ahorn-Sirup und sind sofort überzeugt, davon leben zu können. Nach ein paar Jahren sind sie Spezialisten. Ihre Erfahrungen beschreiben sie im Handbuch »Das Buch vom Ahorn-Sirup«.

Ihre Produktion garantiert ihnen eine zuverlässige Einnahmequelle. Sie wollen mit ihrer Arbeit kein Geld scheffeln – »das ist ein Spiel, das kein Limit kennt« –, sondern sie stellen sich die Frage, wie viel Mindesteinkommen ihnen das Leben für zwölf Monate garantiert. Wohnen, Wasser und Heizung sind nahezu umsonst, denn ihr Brennholz holen sie sich aus dem Wald. Der Garten liefert frisches Obst und Gemüse. Die Selbstversorger tauschen einen Teil ihrer Ernte gegen die Produkte anderer Erzeuger von Früchten, Nüssen, Ölen, Bekleidung. Sie kaufen immer nur bar und vermeiden jeden Bankkredit. Wenn das Bargeld einmal knapp ist, verzichten sie auf Einkäufe, die Geld erfordern. Dadurch geraten sie nicht in Abhängigkeit der Banken und vermeiden so den nervenaufreibenden Druck der »Zins-Sklaverei«, die fast allen Erst-Erzeugern das Leben zur Hölle macht.

Ihre Wirtschaftsform basiert auf dem Tauschhandel. Damit ist ihr Einkommen auch nicht steuerpflichtig. Wenn sie genug verdient haben, stoppen sie die Produktion bis zum nächsten Haushaltsjahr. So gewinnen sie Zeit für ihre sozialen Kontakte und künstlerischen und intellektuellen Tätigkeiten. Nearing schreibt im Laufe seines fast 100jährigen Lebens mehr als fünfzig Bücher vom Ökonomie-Lehrbuch beim renommierten MacMillan-Verlag in New York bis zu kämpferischen Broschüren für den Verlag der kommunistischen Partei, und Werke, die er im Eigenverlag herausbringt und die zum Teil Bestseller werden. In ihrer Umgebung beleben sie die traditionelle Nachbarschaftshilfe. Arbeitsgeräte, Produkte und die tätige Mitarbeit werden jedem, der sie braucht, stets offen angeboten.

Mit ihrem bewährten Lebenskonzept befreien sie sich erfolgreich von den »vier schlimmsten Übeln eines konkurrierenden, industrialisierten Sozialsystems«:

1. *von der Gier nach Dingen (einschließlich Geld und Waren) und der Macht, ihre Mitmenschen herumzustoßen.*

2. *von Stress, Hektik und Lärm, die mit dem Zwang verbunden sind, Konkurrenten zuvorzukommen.*

3. *von Angst, Furcht und Verzweiflung, den unvermeidlichen Begleiterscheinungen beim Kampf um Erfolg, Wohlstand und Macht.*

4. *von der zeitraubenden Kompliziertheit und depri-*
   mierenden Verwirrung, denen man im Gewirr der
   Menschenmassen in den Städten auf engstem Raum
   ausgesetzt ist.

Ihre auf die Wintermonate verlegten Vortrags- und Studienreisen durch die USA, nach Europa, Asien und Lateinamerika finanzieren sie aus den Vortragshonoraren und dem Direktverkauf ihrer Bücher und Broschüren an die Veranstaltungsteilnehmer. Wenn möglich, wohnen sie bei Freunden oder dem Veranstalter. Nearings Faustregel für die einfachste und billigste Reiseform ist:

1. *nur so viel Gepäck mitnehmen, wie sich tragen lässt.*

2. *stets die billigsten Verkehrsmittel zu benutzen.*

3. *auf angeberische Lebensweise zu verzichten und nur*
   kostengünstige Läden und Unterkünfte aufzusuchen.

4. *niemals im Restaurant zu essen, so wenig Gekochtes*
   wie möglich zu essen, sondern sich von Früchten,
   Obst, Gemüse und Nüssen zu ernähren.

5. *auf Alkohol, Tabak, industriell gefertigte Getränke,*
   Tee und Kaffee zu verzichten.

6. *soviel wie möglich unterwegs zu Fuß gehen.*

Helen und Scott Nearing führen ein ausgeglichenes soziales Leben mit Freunden und Nachbarn und betätigen ausreichend Körper und Geist bei der Arbeit in Garten, Haus, Hof und Wald, sowie auf ihre Texte konzentriert am Schreibtisch. So haben sie viel körperliche Bewegung an der frischen Luft, geistige in der Konzentration während des Schreibens und seelische im Gespräch mit Gleichgesinnten. Bei dieser Lebensform verfallen sie nicht ins Grübeln, sind fit und zufrieden, wenn sie abends ins Bett sinken. Sie sind sich sicher: *»Wir behaupten, dass ein Paar zwischen 20 und 50, das mit einem Minimum an Gesundheit, Kapital und Intelligenz ausgerüstet ist, es schaffen kann, ein glücklich-bescheidenes Leben zu führen.«*

Nach 19 Jahren Vermont beweisen die beiden, dass sogar ein Paar mit 70 bzw. 50 es ebenfalls schaffen kann. In ihrer Idylle werden ihnen die Besucher zu viel, die kommen, als die Landschaft rund um ihre Farm zu einem schicken Skigebiet »entwickelt« wird. Sie packen ihre Sachen, verkaufen die Farm an ein junges Paar und fangen 500 km weiter nordöstlich in Maine noch einmal von vorne an, indem sie die neue »Forrest Farm« aufbauen. Diesmal nicht in den Bergen sondern an der Küste. Statt Ahorn-Sirup werden hier Blaubeeren die Grundlage ihrer Ökonomie. Wie bisher arbeiten sie gesund und munter bis ins hohe Alter in ihrem Garten und an ihren Büchern.

* * *

Nun könnte man argumentieren, Leute wie die Zuckmayers oder die Nearings seien extreme Außenseiter. Tatsächlich sind sie im bürgerlichen Sinne sicher nicht angepasst. Sie wehren sich gegen die Vereinnahmung des bürokratisch-ökonomischen Systems. Indem sie bescheiden leben, vermindern sie die Zwänge, die durch immer engere Abhängigkeitsverhältnisse noch bedrückender werden. Denn das Leben in den Städten ist teuer. Ständig muss unter krankmachenden Bedingungen Geld herangeschafft werden für Miete, Essen und Kleidung.

Eine gewisse Freiheit bietet auch heute noch oder bereits wieder das Land, denn je mehr es die Menschen in die Großstädte zieht, umso größer ist die Chance, günstige Wohn- und Lebensmöglichkeiten in Landfluchtgebieten zu finden. Und ein Stück Gartenland oder eine Weidefläche für Tierzucht ist allemal erschwinglich.

SPARSAMKEIT –
EINE EINFACHE METHODE DER BEFREIUNG

Dr. Johnson, der berühmte englische Philologe, der in seiner Jugend bitterarm war, behauptet, die beste Quelle des Wohlstandes und der Zufriedenheit sei in der Sparsamkeit zu suchen: »*Sparsamkeit ist die Tochter der Klugheit, die Schwester der Mäßigkeit und die Mutter der Freiheit*«.

Sparsamkeit, das Gegenteil von Prasserei und Verschwendung, beginnt im Kleinen. Wer unbekümmert jeden Tag im Restaurant isst oder teure Autos fährt, hat schnell seine liebe Not, mit dem Geld zurechtzukommen. Selbst der millionenschwere Elton John steckt ständig in der Klemme, weil er bei seinem üppigen Lebensstil völlig den Überblick verloren hat. Er ist, wie so viele andere, der Getriebene der Banken.

Jesus sagte einmal: »Wer hat, dem wird gegeben, und wer nicht hat, dem wird genommen«. Tatsächlich wird derjenige, dessen Kredit immer größer wird, bald von den Schuldzinsen erdrückt. Kurzum: Wer in die Schuldenfalle gerät, ist ein armer Teufel, der seine Freiheit verloren hat. Da Sparsamkeit Freiheit bedeutet, verwundert es immer wieder, warum viele sehenden Auges in ihr Unglück rennen. Was bringt sie dazu, so unklug zu handeln? Die Habgier nach Luxus und die Großmannssucht, in den Augen seiner Nächsten und sogar Wildfremder mehr erscheinen zu wollen, als man ist. Wo kommt dieser seltsame Drang zur Eitelkeit her, von dem ganze Industriezweige leben?

Der wahrhaft freie Mensch ist für den Philosophen Diogenes von allem unabhängig: von der Meinung anderer ebenso wie von der Angst vor dem Tode. Wer sich nicht davon losmachen kann, sollte so klug sein, sich bei der Zurschaustellung seiner Selbst oder seines Besitzes wenigstens nicht zu ruinieren. Wie viele führen ein wahrhaft unglückliches oder sorgenvolles Dasein, weil sie sich nicht disziplinieren. Dabei ist die Methode der Sparsamkeit, dem ersten Schritt zur Freiheit, sehr einfach.

Die erste Regel ist: *Gib weniger aus, als du einnimmst. Wer Kredite aufnimmt, ist auf Jahre verschuldet und steht unter Druck.*

Die zweite Regel lautet: *Bezahle stets bar, dann verlierst du nicht den Überblick über deine Ausgaben. Denn plötzlich ist das Konto so hoffnungslos überzogen, dass man nicht nur Zinsen bluten muss, sondern in Gefahr gerät, plötzlich ohne Geld dazustehen, wenn die Bank die Scheckkarte sperrt.*

Der große englische Philosoph Francis Bacon meinte, ein kluger Kopf gäbe nie mehr als die Hälfte seines Einkommens aus und würde den Rest sparen. Denn – und das ist ein weiterer Pluspunkt der Sparsamkeit – wenn plötzlich als sicher geltende Einnahmen ausbleiben, gerät man in echte Gefahr. Denn Geld, dieser magische Stoff, ist so unbeständig wie das Wetter.

FREUDE DURCH KUNSTWERKE

Naivlinge glauben an günstige Zufälle, kluge Köpfe glauben an Ursache und Wirkung. Ein klar denkender Mensch weiß, dass sein Schicksal nicht vom Zufall abhängt, sondern von sorgfältiger Planung. »Leben ist ewiger Unterricht in Ursache und Wirkung«, meint Ralph Waldo Emerson. Jeder kann also sein Schicksal in die Hand nehmen und für positive Veränderungen sorgen. Die weiter vorne ermutigenden Beispiele zeigen das deutlich. Nun muss dieses Handeln nicht auf das Überleben auf einer Insel, auf den bewussten Konsumverzicht oder auf die Änderung schlechter Gewohnheiten in positive beschränkt bleiben.

Jeder kann an sich arbeiten, um in ein besseres seelisches Gleichgewicht zu kommen. Jahrtausende lang haben Philosophen, Weise, Heiler, Schamanen, Ärzte und Psychologen nach Methoden gesucht, welche die Seele des Menschen in einen permanenten Glückszustand versetzen. Jeder Lehrer der Weisheit hat seinen eigenen Ansatz und seine eigene Lehrmethode. Der Medizinmann Smohalla beispielsweise sieht den Weg im Traumkult und seinen Tänzen und Liedern; Buddha in der meditativen Konzentration zum Loswerden aller negativen und destruktiven Emotionen; der pragmatische Scott Nearing in der Tugend der bescheiden tätigen Lebensweise und der Stoiker in der Erkenntnis seiner selbst,

> *»Kein Hass,
> kein Neid,
> keine Besitzgier.
> Arbeite und
> entwickle
> Selbstvertrauen«*
>
> **Buddhistischer
> Lama**

indem er seinen Anlagen gemäß lebt und nicht nach etwas strebt, das dem eigenen Charakter fremd ist.

»Kein Hass, kein Neid, keine Besitzgier. Arbeite und entwickle Selbstvertrauen«, sagt ein buddhistischer Lama in Ladak. Diese Arbeit an sich selbst bewirkt in jedem Fall positive Veränderungen der Psyche. Jeder, der einmal ein Instrument gelernt hat, kennt den mühevollen Weg von den ersten Fingerübungen bis zum ersten gespielten kleinen Stück. Aber er kennt auch das Glücksgefühl, das sich einstellt, wenn die Harmonie der schön gespielten Komposition die eigene Seele erfüllt und auf die Zuhörer überspringt. Plötzlich herrscht Glückseligkeit. Man kann sie im Raum spüren. Die Gesichter des Auditoriums glänzen vor Freude. Und ebenso ist es, wenn man eine Mozart-Oper hört, bei einem Rockkonzert oder in einem Musical vor Begeisterung vergisst, was einen bedrückt, ein Gebäude oder einen Park von vollkommener Harmonie betritt, das Wunder eines kleinen, stimmigen Gedichtes erlebt, einen berührenden Film sieht, die berückende Schönheit eines Bildes erkennt oder mit einem geliebten Menschen in seelischem und körperlichem

Gleichklang ist. In diesen Momenten oder Stunden fallen alle Sorgen und Ängste von einem ab. Himmlische Schönheit umgibt uns. Die Seele ist eins mit allem. »Eines zu sein mit allem, das ist das Leben der Götter, das ist der Himmel des Menschen«, sagt Friedrich Hölderlin.

Wie kann dieses Glücksgefühl in einen permanenten Zustand verwandelt werden? Ist dies überhaupt möglich? Denn es gibt ja auch die dunkle Seite, die mit ihrer negativen Energie über jeden Einzelnen herfällt und ständig dabei ist, Harmonie und Schönheit zu zerstören. Mir hat einmal ein Militärhistoriker erzählt, wenn Barbaren irgendwo einfallen, egal ob während einer Revolution, bei Plünderungen, im Krieg, beim Einbruch in ein Haus, werden zuerst die Musikinstrumente, die Übermittler der Harmonie, zerstört. Die destruktiven Kräfte haben Angst vor der Harmonie.

Wenn Luther von Depressionen befallen wurde, sang und spielte er und kämpfte so »mit der Laute gegen den Teufel«.

Wer das Glück hat, in einer schönen Umgebung aufzuwachsen und zu leben, weiß das erst richtig zu schätzen, wenn es ihn in deprimierende Gegenden verschlägt. Die Hässlichkeit der Bronx oder verwüstete und verrottende Industriegebiete wo auch immer, in Polen oder im Ruhrgebiet, strahlen nicht nur Hoffnungslosigkeit, sondern auch Aggressivität ab. Die Gesichter der Menschen spiegeln keine Freude, sondern Angst und Sorge, die Gefühle werden negativ, die Sprache verroht. Der Umgang miteinander wird hart. Eine schleichende Krankheit der zerstörerischen seelischen Kräfte breitet sich wie eine Epidemie aus.

Kunstwerke sorgen für eine Art seelischer Massage. Kunst tröstet. Deshalb hat Kunst im Leben des Menschen eine ungeheure Bedeutung. Denn was nützt permanenter Geldsegen, permanenter Konsum, permanente Anstrengung, um Luxusgüter zu erlangen, wenn ich nicht glücklich bin? *»Eine Perle um den Hals, aber einen Stein in der Brust«,* heißt ein jiddisches Sprichwort. Kunstwerke geben uns Einblicke in schönere Welten. Doch Kunst, die unsere Seelen erfreut, kommt immer von Außen. Die wirkliche Freude sollte aus der eigenen Seele kommen. »Freut euch allezeit«, sagt der Apostel Paulus, denn »ein Heiliger, der traurig ist, ist ein trauriger Heiliger«, meint der berühmte Yogi Sri Yukteswar.

ASKESE –

DAS TRAINIEREN DER INNEREN FREUDE

Das Wort Askese kommt vom griechischen »Askesís« und bedeutet Übung. Mit Askese ist die religiöse Übung zu körperlicher und geistiger Selbstüberwindung gemeint. Hier soll nicht auf die Exerzitien der christlichen Tradition eingegangen werden, mit ihren Gesängen, Gebeten und Fastengeboten. Auch der christliche Weg zur Lebensfreude kann zwar zum Erfolg führen. Doch die Jahrtausende alte buddhistische Tradition hat Meditationstechniken zur Überwindung oder Verstärkung der Emotionen entwickelt, die dem modernen Menschen in ihrer feinen Differenzierung eine praktischere Anleitung geben.

In den buddhistischen Schriften wird von vierundachtzigtausend fein abgestuften negativen Emotionen berichtet. Der Übende, der seinen Geist verändern will, muss diese überwinden. Daher wird von »vierundachtzigtausend Eingangstüren zum buddhistischen Pfad des inneren Wandels« gesprochen.

Letztlich handelt es sich jedoch dabei um die wesentlichen Grundemotionen Hass, Gier, Wahn, Stolz und Neid. Konstruktive Bewusstseinszustände sind zum Beispiel Selbstachtung; kontrolliertes Selbstwertgefühl; Gefühle der Integrität; Mitgefühl; Wohlwollen; Großmut; die Fähigkeit, Gerechtigkeit, Güte und Wahrheit zu erkennen; Liebe und Freundschaft. Allein an diesem feinstufigen System zur Erfassung der Emotionen erkennt man, welch bewundernswertes Gedankengebäude der Buddhismus darstellt.

Das Ziel der Meditationen besteht darin, dass der Übende durch seine geistige Konzentration auf ein positives Element negative Emotionen überwindet, seelische Stärke entwickelt und dem Göttlichen näherkommt.

Wenn sich der Meditierende zum Beispiel der Übung der Güte und des Mitgefühls widmet, ist auch sein Geist durchdrungen von Güte. Diese positive Energie wird ihm nahezu zur zweiten Natur, sodass Neid oder Gier immer unwichtiger werden. Er lebt in vollkommenem Frieden mit sich selbst und seiner Umwelt. Ein Glücksgefühl durchtränkt ihn, eine Aura der Freiheit umstrahlt ihn, weil innere Ruhe, Stabilität, Klarheit und Erfüllung von ihm Besitz ergriffen haben. Nun ist er Teil jener Urgüte, die die Buddhisten als das innerste Wesen des Weltgeistes bezeichnen.

Dieser Bewusstseinszustand wächst, je länger er durch Meditation trainiert wird. So wird es seit Jahrtausenden in den buddhistischen Klöstern gelehrt und gelebt, und wer einem Lama begegnet oder gar dem Dalai Lama, der erkennt die tiefe Weisheit der Meditationstechnik körperlich in der guten Ausstrahlung – man spürt sofort: Hier ist ein glücklicher Mensch, in dem die fünfundzwanzig heilsamen, konstruktiven Emotionen wie Glaube, Selbstvertrauen, geistige Spannkraft, Beweglichkeit, Achtsamkeit und Weisheit Fleisch geworden sind.

Menschen, die in Harmonie mit sich selbst leben, haben ein sehr ausdrucksstarkes Gesicht, denn sie müssen nichts verbergen, sind nicht misstrauisch und haben keine Gier zu verstecken. Wir sprechen von einem offenen Gesichtsausdruck. In einem solchen Gesicht kann man die Gedanken und Gefühle ablesen – Zweifel, Freude, Trauer. Kinder, Weise und abgeschieden lebende Menschen haben Gesichter, die Ruhe, Gelassenheit und unentwegt gute Laune zeigen.

Auf einer Alm im Tauros, dem mächtigen Gebirge im Süden der Türkei, traf ich einmal einen Hirten mit zwei Kindern im Alter von fünf, sechs Jahren. Sie strahlten vollkommenes Glück aus. Die drei Gestalten vor dem Hintergrund eines gewaltigen, rot leuchtenden Berges am Rande ihrer Ziegenherde mit den drei großen zottigen Hirtenhunden boten ein biblisches Bild.

Auf die Frage, wann die letzten Fremden hier gewesen seien, lächelte der Hirte und sagte: »Im letzten Jahr.« Er lebte den Sommer über mit seiner Familie und seiner Herde im Hochgebirge, stressfrei, einfach und ohne Gier. Sein Gesicht und das seiner Kinder hatte eine ausgeprägte Muskulatur, es waren keine Masken wie die meisten Politiker- oder Managergesichter. Sie spiegelten offen ihre Empfindungen wieder. Die mangelnde Zurückhaltung war Zeugnis eines ganz erstaunlichen Selbstvertrauens, einer Freude am Leben, dem Einssein mit der Natur. Ich glaube, ich habe seitdem nie wieder so schöne, weise und fröhliche Kindergesichter gesehen.

> *»Durch Schulung des Geistes können die Menschen gelassener werden, besonders jene, die allzu sehr unter dem Auf und Ab des Lebens leiden.«*
>
> **Dalai Lama**

Die negativen Folgen der zerstörerischen Gedanken, die uns und unsere Mitmenschen unglücklich machen, kann man also neutralisieren. Bescheidenheit ist zum Beispiel ein Gegenmittel gegen Habgier, Hass wird durch Liebe ausgeglichen, Wut durch Mitgefühl oder Überheblichkeit durch die Anerkennung der Leistungen anderer.

Wie stark die Kraft der geistigen Konzentration auf die Psyche wirkt, kann jeder in einer kleinen Übung ohne Anleitung eines Lehrmeisters der Meditation selbst erproben. In dem Moment, wo ich ein Lächeln in meinem Gesicht erstrahlen lasse, setzt im Gehirn eine für das Glücklichsein typische Aktivität ein. Ich fühle mich sofort heiter.

Umgekehrt löst ein finsterer Gesichtsausdruck negative Gefühle aus und ein Prozess der destruktiven Gedanken setzt im Gehirn ein. Hitlers bösartiges Gesicht ist ein Spiegel der zerstörerischen – und selbstzerstörerischen Kräfte seiner Seele, die in einem mörderischen Tempo auf große Teile einer ganzen Kulturnation übersprangen und verheerende Folgen hatten.

Die moderne Hirnforschung hat inzwischen aufregende Entdeckungen gemacht, welche die Erfahrungen buddhistischer Mönche, dass man durch Meditation sich selbst und damit seine Umwelt positiv verändern kann, bestätigen.

Richard J. Davidson, einer der bedeutendsten Forscher der Zusammenhänge zwischen Gehirn und Emotion führte neurowissenschaftliche Untersuchungen über die Wirkung der außerordentlichen geistigen Fähigkeiten tibetanischer Mönche durch. Im Zuge seiner Forschungen hatte Davidson herausgefunden, dass im linken *Gyrus frontalis medialis*, einer Hirnregion, die Davidson als Sitz positiver Emotionen erforscht hatte, eine erstaunliche Steigerung der elektrischen Gamma-Aktivität zunahm, sobald seine Versuchsperson, ein Lama, der über dreißig Jahre lang täglich viele Stunden meditiert hatte, aus dem Zustand der Ruhe in die Meditation über das Mitgefühl wechselte.

Die weiteren Untersuchungen an nahezu zweihundert Versuchspersonen bestätigten die gesteigerte elektrische Gamma-Aktivität im Bereich der linken präfrontalen Rinde, wenn die Versuchspersonen sich an glückliche Momente, freudige Ereignisse, Erfolge oder einfach nur an Wohlbehagen erinnerten oder Vorfreude auf zukünftige Ereignisse zeigten.

In diesem Zusammenhang ist es vielleicht interessant zu wissen, dass die buddhistische Meditationslehre sieben Arten des Glücks in der Familie der Glücks-Emotionen definiert:

- Vergnügen,
- Stolz und Freude über eine gelungene Leistung,
- Erleichterung,
- Erregung,
- Verwunderung,
- sinnliche Freude in allen Sinnesbereichen,
- friedliche Gelassenheit der Seele.

Davidson machte aber die weitere erstaunliche Entdeckung, dass die entgegengesetzte Stelle in der rechten Gehirnhälfte das Zentrum der negativen Emotionen ist, der Sitz von Trauer, Angst, Sorge, Wut und Aggression.

Nun kann bis zu einem gewissen Grade der Mensch seine Stimmungen beeinflussen. Schon ein schöner Fernsehfilm oder ein nettes Gespräch mit dem Nachbarn bewirkt die Ablenkung von nagenden Sorgen. Das kennt jeder von uns.

Wie stark Filme unser Gefühlsleben beeinflussen, hat ein Psychologenteam der University of Michigan in Ann Arbor der Fachzeitschrift »Hormones and Behavior« zufolge wissenschaftlich bewiesen. Drei Gruppen von Testpersonen bekamen jeweils 30 Minuten die Liebesgeschichte »Die Brücken am Fluss«, die Mafia-Blutoper »Der Pate II« sowie einen Dokumentarfilm über den Regenwald am Amazonas gezeigt. Bei der Dokumentarfilmgruppe war der Hormonspiegel vor und nach dem Film fast identisch. Dagegen stieg während des Schmachtfetzens die Menge des weiblichen Hormons Progesteron bei Frauen wie Männern dramatisch an. Und beide Geschlechter hatten plötzlich Sehnsucht nach zärtlicher Berührung und Zuneigung. Bei Männern sank zudem der Testosteronspiegel. Testosteron ist das Hormon, das unter anderem für gesteigerte Angriffslust sorgt. Beim Mafiafilm stieg das Testosteron bei Männern bis zu 30 Prozent an und ihr Zärtlichkeitsbedürfnis sank, während bei Frauen die Testosteronwerte fielen und die meisten sich sehr unwohl fühlten.

Wenn Filme solche Emotionsänderungen hervorrufen, ist es klar, dass auch Lieder, Bilder, Gespräche mit Freunden, Hasstiraden oder Angst unser Gehirn und unsere Seele stark beeinflussen. Davidsons Lama, der sich als Testperson zur Verfügung gestellt hatte, bestätigte die uralten Erfahrungen der buddhistischen Mönche, wonach derjenige, der »über das Mitgefühl für alle Wesen meditiert«, der direkte Nutznießer selbst ist. Die klassischen Schriften der buddhistischen Weisen sagen, dass der Meditierende, der sich voll auf die positiven Emotionen konzentriert, nicht nur von Menschen, Tieren und Pflanzen geliebt wird, gut schläft, schöne Träume erlebt, sondern selbst immer heiterer Stimmung ist. Liebe wird eben mit Liebe beantwortet, Hass mit Hass.

Noch vor zwölf Jahren waren die führenden Neurologen überzeugt, dass das Gehirn des Neugeborenen bereits alle Neuronen besitzt und diese Grundsubstanz im Laufe des Lebens nicht mehr beeinflusst würde. Inzwischen haben neue Erkenntnisse diese Annahme überholt. Denn ständig wird das Gehirn durch neue Lebenserfahrungen verändert, wie sich auch Gesichter im Laufe des Lebens immer wieder verändern – positiv als auch negativ, wie jeder in seinen Fotoalben sehen kann. Magnetresonanztomographien zeigen sehr deutlich die Veränderungen in den Hirnregionen, die für immer wiederkehrende Übungen zum Beispiel von Schriftstellern oder Spitzensportlern zuständig sind. Je intensiver die Meister auf ihren jeweiligen Gebieten trainieren, umso stärker sind die Veränderungen. Irgendwann wird der Lehrling durch stetigen Fleiß zum Meister, und diese verinnerlichte, wahre Meisterschaft strahlt die gesamte Persönlichkeit aus.

Die Gabe zum Glücklichsein wohnt in jedem Menschen, doch kann man sie durch systematische Schulung des Geistes beständig machen. So wie der Musiker ständig üben muss, um seine künstlerische Fähigkeit auf hohem Niveau zu erhalten, so muss der Mensch, der nach innerer Harmonie strebt, permanent daran arbeiten. Mir sagte einmal der Organist des Klosters Königsmünster in Westfalen auf die Frage, ob ihn nicht der rituelle Ablauf der fünf täglichen Stundengebete mit ihrer musikalischen Gleichförmigkeit langweile: »Das ist für mich die reinste Medizin.« Auf diese Weise sorgt er für ständige Pflege seines Glücksgefühls.

Für andere bilden die Quelle des Glücks die regelmäßigen Yogaübungen oder Gärtnerstunden, das allabendliche Joggen im Park oder das konzentrierte Tagebuchschreiben. Der Dalai Lama sagt: »*Durch Schulung des Geistes können die Menschen gelassener werden, besonders jene, die allzu sehr unter dem Auf und Ab des Lebens leiden.*«

AUTORITÄT UND BELEHRUNG

Für den griechischen Philosophen Aristoteles bedeutet Glück das gute Gedeihen des Menschen. Er präzisiert dies in seiner Lehre von der Mitte, worin die Tugenden wie Nächstenliebe, Mut, Freundschaft, Wahrhaftigkeit, die der kluge Mensch tagtäglich anstrebt, in einem ausgewogen Verhältnis stehen sollen. Die Harmonie der Tugenden untereinander erreicht der Übende nach Aristoteles' Auffassung durch das Vorbild weiser älterer Menschen, die diese Eigenschaften im Laufe ihres Lebens erworben haben. Dieser Gedanke ist jetzt sehr wichtig: Das Beispiel soll auf den richtigen Weg führen, nicht die Predigt. Alle Philosophen und Weisen, ob aus dem alten China, den USA, Deutschland oder dem antiken Griechenland sind sich einig: Wer moralisch handelt, vermehrt das Gute. Und moralisch handelt, wer seinen Egoismus überwindet, wer also seine destruktiven Gedanken und Handlungen reduziert und auch in diesem Bereich bescheiden wird.

Wo aber findet man in unserer auf den äußeren Erfolg versessenen Welt diese integeren Lehrmeister, von denen Aristoteles spricht? Buddha hat gesagt: »Ich habe euch den Weg gezeigt. Nun ist es an euch, den Weg zu beschreiten.« Dort, wo die Traditionen der Weisheit seit Jahrhunderten ungebrochen lebendig sind, wie in der Kultur der Tibeter, bei den Schamanen südamerikanischer Amazonasindianer-Stämme

> *»Ich habe euch den Weg gezeigt. Nun ist es an euch, den Weg zu beschreiten.«*
>
> **Buddha**

oder bei den weisen Männern und Frauen mongolischer Clans, werden Wissen und sozialer Umgang durch Vorleben, mündlicher und praktischer Unterweisung weitergegeben und der spirituelle Weg durch beispielhaftes Leben gelehrt. In der auf schnellen Erfolg programmierten westlichen Industriegesellschaft sind wahre Meister der Lebenskunst hingegen rar. Die sich als solche präsentieren, stellen sich oft als geschäftstüchtige Selbstverkäufer auf dem Esoterikmarkt heraus, die seelisch Dürstenden geschickt das Geld aus der Tasche ziehen. Zudem ist es in unserer verschulten Gesellschaft schwer, sich der Gängelei durch vorgefertigte Lehrmodelle zu entziehen.

Denkmodelle bestimmen unser gesamtes Leben. Eltern, Schule, Medien und Umwelt predigen uns, wie »man« leben muss. Es wird uns beigebracht, ständig über uns selbst, über Freunde, Nachbarn und Wildfremde Urteile zu fällen. Die Angst, dem Verhaltenskodex nicht angepasst zu sein, lähmt uns, eigene Gedanken zu entwickeln. Wir haben gelernt: Wer anders betet, wer sich anders kleidet, wer anders lebt oder eine andere Sprache spricht, außer den in unserem Bildungssystem akzeptierten, ist verdächtig. Er gehört einer minderen Kultur an. Wer sich neben die Normen stellt, ist ebenfalls verdächtig.

Von Kindheit an sind wir dem normierten Denken ausgesetzt. Wir sind so daran gewöhnt, dass wir uns der ständigen Zwänge kaum bewusst sind. Unser Leben ist bis in kleinste Details reglementiert und wird permanent überwacht durch Gesetze, Verordnungen, Verhaltensmuster, Bestimmungen, Moden und Anstandsregeln. Vieles davon ist nützlich für den vernünftigen Umgang miteinander. Doch die Normierung lässt dem Einzelnen kaum noch Luft, eigene Gedanken und Lebensanschauungen zu entwickeln. Überall droht unsichtbare Autorität: Du sollst nicht, du darfst nicht, du kannst nicht.

Daher die ständigen Fluchtgedanken der meisten Zeitgenossen. Man will der gefühlten geistigen Enge und seelischen Gefangenschaft entfliehen. Aber wohin?

Viele versuchen durch Kurzurlaube in exotische Länder Freiheit zu gewinnen, andere wiederum befriedigen ihren seelischen Hunger im Konsum- oder Alkohol- bzw. Drogenrausch. Doch wie weit man auch reist, wie hemmungslos man sich dem Vergessen im Rausch hingibt – die Zwänge reisen mit. Wir sind durch emotionale Fäden unsichtbar an das System gekettet. Wer sich wirklich befreien will, muss seine Freiheit unter dem Ballast der kollektiven Kontrolle hervorgraben. Oder vielleicht auch nicht?

Die Weisheit des Nichthandelns

Die alte chinesische taoistische Weisheitslehre des Wu wei verspricht einen verblüffend einfachen Weg zur Befreiung von zwanghaften Bindungen. Wu wei bedeutet: Nichthandeln. Wer sich vertrauensvoll dem Geschehenlassen hingibt, ohne verbissen um Erfolg zu kämpfen, ohne Erwartung einer Belohung für seine Anstrengungen, für den wirken die Kräfte des Tao. Das bedeutet, man überlässt sich dem Strom der allumfassenden Weltweisheit, wo sich die Dinge von selber fügen. In diesem Zustand der vollkommenen Entspannung handelt dann jeder instinktiv richtig. Wer nach dieser Erkenntnis lebt, wird niemals etwas tun, wogegen er sich innerlich sträubt.

Der zenbuddhistische Meister Doogen bringt alles Wesentliche dieser Lehre in ein paar prägnanten Sätzen unter:

> *Tue nichts, was böse ist. Hänge nicht an Leben und Tod. Erbarme dich aller Lebewesen. Ehre, was über dir ist. Sei gnädig zu den Unteren. Hasse nicht, verlange nicht, lass nichts an deinem Herzen haften. Trage Leid um nichts. Dann wirst du selbst der Buddha sein, suche ihn nirgends woanders, als in dir selbst.*

Wer diesen Grundsatz beherzigt, dessen Dasein wird weitgehend sorglos verlaufen. Auf unsere christliche Tradition übersetzt, könnte man sagen: Man lebt gelassen in völligem Gottvertrauen im Hier und Jetzt, ist weder mit seinen Gedanken im Vergangenen, noch in der Zukunft. Jeder kennt den Zustand, weil jeder ihn immer wieder in kurzen, seligen Momenten erlebt, zum Beispiel in der Liebe, einem Naturerlebnis oder im Aufgehen in einer Sache, die einem am Herzen liegt, wo man frei ist von Zielen und Motiven.

Der Wu wei-Lehre nach gilt es daher, die Kunst zu erlernen, gelassen in der Gegenwart zu leben und sich nicht verkrampft an Dingen oder Vorstellungen wie Gewinn und Verlust festzuklammern. Wer in sich hineinhört, weiß, was ihm gut tut, doch die meisten handeln dem zuwider, weil die Gier sie treibt, Dinge zu tun, die ihnen schaden, weil die verinnerlichte Autorität der Eltern, Lehrer, Chefs, des Partners oder eines Gurus sie dazu antreibt. Tief verwurzelt in jedem von uns ist die Angst, abgelehnt oder bestraft zu werden, wenn wir den Forderungen unserer Autoritätspersonen nicht entsprechen. Bindungen dieser Art können bis über den Tod der Autoritätsperson hinaus wirksam bleiben.

Mozart war mit einem Übervater geschlagen, dessen Forderungen er sein Leben lang zu erfüllen trachtete. Und eigentlich hat wohl jeder von uns mit dem Loswerden von Autoritäten zu kämpfen, die uns in unserer Kindheit und Jugend geprägt haben. Wir werden diese als negativ empfundenen Autoritäten einfach nicht los. Sie verfolgen uns bis in unsere

Träume. Sigmund Freud, der Begründer der Psychoanalyse, schreibt in seiner Biographie: »Als ich sieben oder acht Jahre alt war, bemerkte mein Vater in meinem Beisein zu einem Bekannten: ›Aus dem Buben wird nichts werden‹. Diese Bemerkung traf mich tief in der Seele. Noch als Erwachsenen beschäftigte mich die en passant hingeworfene Bemerkung. Es muss eine furchtbare Kränkung für meinen Ehrgeiz gewesen sein, denn Anspielungen an diese Szene kehren immer in meinen Träumen wieder und sind regelmäßig mit Aufzählungen meiner Leistungen und Erfolge verknüpft, als wollte ich sagen: ›Siehst du, ich bin doch etwas geworden.‹«

Das sind Beispiele, wo ein Mensch sein Leben lang vergeblich versucht, sich von negativer Autorität zu befreien. Doch auch »positive« Autorität kann einem das Leben zur Hölle machen. Beispielsweise wenn die Eltern oder verehrten Lehrer oder die zum Vorbild genommenen älteren Freunde durch ihr Können oder ihr Sein Maßstäbe setzten, die uns in Stress bringen, weil wir es ihnen gleichtun wollen – und nie ihre Perfektion, ihren Ruhm, ihre Anerkennung oder ihren geschäftlichen Erfolg erreichen – oder uns einbilden, sie nicht erreichen zu können.

Der erste Schritt, sich von Autoritäten und Bindungen zu befreien, ist nach der Lehre des Wu wei die scharfe Beobachtung, was und wer uns eigentlich emotional bindet. Um dem Gefühlswirrwarr zu entfliehen, sollte man die Punkte genau aufschreiben. Damit bringt man das Problem zu einem Großteil aus seinem Kopf und bannt es auf ein Stück Papier. Ist das

Problem zu groß, zerlegt man es am besten in ein paar Teile, dadurch wird es überschaubar und leichter zu bewältigen. Also: Was macht mich unfrei? Ob die Last der Besitztümer, Pflege der Geschäftspartner, der Beruf, dessen Stress nicht mehr zu bewältigen ist, meine religiöse Prägung, die komplizierten Beziehungen innerhalb der Familie, aufwendiger Lebensstil oder Sparsamkeit bis zum Geiz,

> *»Wer etwas kennt, reicht nicht heran an jenen, der es liebt; und der es liebt, reicht nicht heran an jenen, den es freut«*
>
> **Konfuzius**

alles sollte man auf den Prüfstand stellen und untersuchen. Die Meister des Wu wei sind überzeugt, dass die emotionsfreie Beobachtung allein die Dinge verändert, wenn sich der Beobachtende ohne Nebengedanken diesen Dingen widmet. Allein der Zustand des Nichtdenkens bewirkt den ersten Schritt der Freiheit. Wichtig ist die absolute Ehrlichkeit sich selbst gegenüber und eine gewisse heitere Gelassenheit.

Und man sollte nicht vergessen: Eine äußerst starke Bindung ist auch die des modernen Menschen an die ihm vorgegebenen Zeitabläufe, die wir uns in den vorausgegangenen Kapiteln näher angesehen haben. Bertold Brecht sagt einmal witzig bildhaft: »Denn alle rennen nach dem Glück – das Glück rennt hinterher.« Wer ständig dem Erfolg nachjagt, dessen Gedanken immer vorauseilen – ist ein gehetzter, unfreier Mensch. Gedankenflucht löst die Probleme nicht, sondern lässt sie nur größer werden. Das, was jemand verbissen will, entzieht sich ihm.

Wer in der Gegenwart lebt, dessen Leben wird intensiver, ihn umgibt eine Aura der Leichtigkeit. »Wenn ich esse, esse ich; wenn ich trinke, trinke ich; wenn ich schlafe, schlafe ich«, sagt der chinesische Weise Ran Tschju, ein Schüler des Konfuzius. Wer in der Gegenwart lebt, dessen Ruhe wird größer, dessen Klarheit wächst, dessen Weisheit nimmt zu. Er wird nicht mehr gequält von der Sorge um die Zukunft, etwas, das sehr viele Menschen unglücklich macht. Je weiter die Befreiung von den Bindungen voranschreitet, umso größer wird die Freude an kleinen Dingen – und auf die kommt es an. »Wer etwas kennt, reicht nicht heran an jenen, der es liebt; und der es liebt, reicht nicht heran an jenen, den es freut«, sagte der große Konfuzius.

ACHTSAMKEIT,
DIE BRANDMAUER
GEGEN ZERSTÖRERISCHE ENERGIE

Die alten buddhistischen Pali-Texte überliefern eine Aufstellung mit 25 heilsamen, konstruktiven Emotionen wie Glaube, Hoffnung, Selbstvertrauen, geistige Spannkraft, Weisheit und Achtsamkeit. Sie sind wichtig, um vier positive Kräfte im Menschen zu entwickeln: Liebe, Gleichmut, Mitgefühl und Freude. Wer diese Kräfte in ein ausgewogenes Verhältnis bringt, ist wahrlich ein weiser, zufriedener und glücklicher Mensch, der sich wohl fühlt und in dessen Umgebung alles leicht und frei wird.

Für uns Westler ist Achtsamkeit, der in der buddhistischen Lebenskunst so viel Bedeutung zukommt, etwas schwer Greifbares. Die Achtsamkeit gilt als »Bollwerk gegen zerstörerische Emotionen«. In einem Gleichnis über Leben und Tod erzählt Buddha, was mit Achtsamkeit gemeint ist: »Eine gefeierte Tänzerin war ins Dorf gekommen und die ganze Bevölkerung war auf den Beinen, um sie zu bewundern. Zur gleichen Zeit musste ein verurteilter Verbrecher mit einer bis zum Rand gefüllten Schale Öl quer durch das Dorf gehen. Hinter ihm ging ein Soldat mit gezogenem Schwert. Wenn der Verurteilte auch nur einen Tropfen Öl verschüttete, musste der Soldat ihn enthaupten. Daher musste er sich mit aller Energie auf die Ruhighaltung der Schale konzentrieren.« Hier unterbrach Buddha seine Geschichte und fragte: »Glaubt ihr, der Gefangene war in der Lage, derart achtsam zu sein, dass seine Gedanken nicht von der Schale mit dem Öl abschweiften, um einen Blick auf die berühmte Tänzerin zu werfen oder die sie feiernde Menge der Dörfler wahrzunehmen, die vor Begeisterung herumtobten, sodass er in Gefahr geriet, von ihnen angestoßen zu werden?« Ich glaube, hiermit ist ganz klar, was mit Achtsamkeit gemeint ist.

Buddha lehrt, in dem Augenblick, wenn man ein Bild sieht, einen Klang vernimmt oder mit einem Gegenstand in Berührung kommt, sehr klar und bewusst zu sein: achtsam. Der Übende soll nicht urteilen, ob das Bild schön oder hässlich ist, die Musik misstönend oder harmonisch, ob der Gegenstand uns mit seiner Schönheit verzaubert oder durch seine Hässlichkeit abstößt. Wer achtsam ist, dessen Geist wird unbewegt bleiben, er urteilt nicht. Damit dringt keine zerstörerische Emotion in seine Seele, die ihm schaden könnte.

Dieser Zustand kann dadurch erreicht werden, dass der Übende zum Beispiel nur auf sein Ein- und Ausatmen achtet. Der weiterführende Schritt geht in die beobachtende Haltung der Achtsamkeit, in welcher der eigene Geist aufmerksam beobachtet wird. Dadurch erkennt man, ob das eigene Bewusstsein positiv oder negativ ausgerichtet ist. Diese Erkenntnis ermöglicht es dem Geübten, negative Gedanken und Emotionen hinter sich zu lassen. Der Geist bleibt ruhig und strahlt Gelassenheit aus, die sich wohltuend auf andere überträgt.

Wir alle haben so etwas schon erlebt, wenn Mitmenschen von verwirrenden Gedanken und Gefühlsausbrüchen fortgerissen wurden und ein einziger kühlen Kopf behielt. Sofort trat Frieden in der Gruppe ein. Wem es gelingt, Achtsamkeit in sein Wesen zu integrieren, wird heiter und leicht werden. Er lebt in der Gegenwart und, befreit von seinen Ängsten und Nöten, verfügt plötzlich über ungeahnte Energien, die bisher vergeudet wurden für düstere Grübeleien, die sich mit den Sorgen um die Zukunft beschäftigten.

In diesem Zusammenhang hilfreich ist auch die Methode, die Epiktet empfiehlt, um mit negativen Emotionen umzugehen und um Unerträgliches erträglich zu machen. Er sagt:

»Jedes Ding hat zwei Tragegriffe. An dem einen kannst du es tragen, an dem anderen nicht. Tut dir dein Bruder unrecht, so sage nicht: er kränkt mich. Nimmst du diesen Tragegriff, so erträgst du es nicht. Sage stattdessen: er ist mein Bruder, der mit mir groß geworden ist. Das ist die richtige Auffassung, welche die Sache erträglich macht.«

DIE MAGIE DES WORTES

Unbewegtes Beobachten dessen, was uns umgibt, ist eine Seite der Achtsamkeit, die andere ist die sorgsame Beobachtung dessen, wie unser Geist auf die Umgebung wirkt. Unser Geist wirkt durch die Macht des Wortes. Das Wort enthüllt unser innerstes Wesen, zeigt, wes Geistes Kind wir sind, sorgt für Klarheit oder Verwirrung.

Da wir ständig von Wörtern umschwirrt sind – täglich, stündlich, minütlich – fällt es uns gar nicht auf, aber ein Wort ist mehr als ein Klang oder ein geschriebenes Symbol. Ein Wort ist reine Magie. Das Johannes-Evangelium beginnt mit dem gewaltigen Satz: »Am Anfang war das Wort, und das Wort war bei Gott, und Gott war das Wort.«

Das, was den Menschen am meisten vom Tier unterscheidet, ist die Sprache. Durch das Wort können wir unsere Empfindungen und Gefühle ausdrücken, uraltes Wissen weitergeben, das Leben versunkener Kulturen entziffern, sofern sie es schriftlich festgehalten haben, miteinander Reden, Singen, wissenschaftliche Erkenntnisse austauschen, Kunstwerke schaffen. Das Wort ermöglicht eine Rechtsgrundlage für die zwischenmenschlichen Beziehungen. Das für jeden verbindliche Recht ist ein Wunderwerk, das auf dem Wort basiert. Das Recht steht über dem Mächtigen. Und wenn er es bricht, wird er (oder seine Nachfolger) irgendwann zur Verantwortung gezogen. Wer es bricht, den quält das schlechte Gewissen, egal, ob er eines Tages für seine Untaten vor dem Richter steht oder nicht. Das verdanken wir dem Wort.

Das Wort sorgt dafür, dass wir mit dem Flugzeug in ferne Länder fliegen können, ein Rendezvous vereinbaren oder per Internet über Tausende Kilometer miteinander kommunizieren. Das Wort ermöglicht die Verständigung zwischen Menschen unterschiedlicher Kulturen, indem wir fremde Sprachen lernen oder eine dritte gemeinsame zur Kommunikation verwenden. Das Wort ist das mächtigste Werkzeug des Menschen. Ein liebevolles Wort kann Frieden zwischen zwei Menschen stiften, ein böser Satz die gesamte Menschheit in die Katastrophe führen.

Nachdem der deutsche Kaiser Wilhelm mit seinem unbedachten Wort von der »Nibelungentreue« Österreich zur Kriegserklärung an Serbien ermuntert hatte und damit den 1. Weltkrieg einleitete, wurde ihm plötzlich nach der deutschen Kriegserklärung an England, Frankreich und Russland klar, was er angerichtet hatte. Doch sein entsetztes: »Was habe ich getan!?« kam zu spät. Eine gigantische Kriegsmaschine war auf sein Wort hin in Bewegung gesetzt worden, die zum ersten Mal in der Geschichte den Krieg industrialisierte, große Teile des Globus in Brand steckte, Millionen das Leben kostete und das Sozialgefüge und die Landkarte Europas nachhaltig veränderte. Wenn Wilhelm seine martialischen Reden hielt, nannten das sogar kultivierte Menschen gemütlich lächelnd: »Mit dem Säbel« rasseln. Kaum jemand hatte damals begriffen, dass das ein Spiel mit dem Feuer war. Der Operettenkaiser war nicht achtsam mit seinem Wort umgegangen und plötzlich war es ihm entglitten und entwickelte eine eigene schwarze Magie.

Wie tief Wörter in die Seele eindringen, verletzen und ein Leben lang zeichnen können, zeigt auch das bereits erwähnte Beispiel von Sigmund Freud. Ein negativer Satz seines Vaters machte ihm ein Leben lang zu schaffen. Negative Wörter und abschätzige Meinungen Erwachsener richten in Kinderseelen unendlichen Schaden an. Von frühester Kindheit an sind wir von Korruption verseucht.

Korrumpiert sein heißt, der Mensch tut etwas, um etwas dafür zu bekommen. Das Kind ist ein »braves« Kind, weil es sonst von der Mutter mit Liebesentzug bestraft wird oder vom Vater eine Tracht Prügel bekommt. Um Bestrafungen zu entgehen, lernen wir bereits als Kinder zu lügen. Die Lüge wird uns anerzogen. Kommt man uns auf die Schliche, werden wir bestraft. Darum werden wir geschickter und vorsichtiger im Lügen. Und so schaden wir uns selbst, denn die Lüge wird uns zur zweiten Natur. Dort, wo es schwierig wird, schwindeln wir uns aus der Verantwortung. Und wer zum gewohnheitsmäßigen Lügner geworden ist, vertraut niemandem mehr, weil er auch alle anderen für Lügner hält. So vergiftet die Lüge die offene Beziehung zu seinen Mitmenschen, ja sogar Freunden und Verwandten.

De la Rochefoucauld prägt einen Aphorismus von bestechender moralischer Integrität, in dem er sagt: *»Es ist eine* größere Schande, seinen Freunden zu misstrauen, als von ihnen betrogen zu werden.« Es ist aber nicht nur eine Schande, es schadet dem Misstrauischen selbst in höchstem Maße. Wer die Fähigkeit des Vertrauens verloren hat, ist ein armer Mensch, der niemals zur Ruhe kommt und freudlos dahinvegetiert. Wer die Wahrhaftigkeit des Wortes missbraucht, vergiftet die eigene Seele.

> »Es ist eine größere Schande, seinen Freunden zu misstrauen, als von ihnen betrogen zu werden.«
>
> François de la Rochefoucauld

Lüge ist Schwäche gegen sich selbst. Die Wahrheit stärkt die Seele und macht uns frei. Warum wir überhaupt ständig lügen, hat nicht nur mit Korruption zu tun, sondern auch mit den Grundübeln Habgier und Stolz. Wir lügen, um besser zu erscheinen, als wir wirklich sind, weil wir bei anderen Eindruck schinden wollen. Durch Lügen versuchen wir uns wirtschaftliche Vorteile zu verschaffen. Diese schlechte Gewohnheit führt von der kleinen Lüge über die Halbwahrheit zu gebrochenen Verträgen und sogar Meineid. Kurz, wir verlassen auch im Bereich des Wortes die Bescheidenheit, um uns an der Bewunderung anderer zu bereichern.

DIE ERKENNTNIS DES DIOGENES

ODER

Ich übe mich im Nichtsbekommen

Diogenes (414 bis 323 v. Chr.) ist der bekannteste Vertreter des Zynismus, der Lehre der Bedürfnislosigkeit. Für ihn bestand das wahre Glück des Lebens in der Tugend. Deswegen hielt er an jeder Straßenecke Athens witzige Predigten gegen alle Laster und Missbräuche. Witzig deshalb, weil er wusste, dass man Moralpredigten am besten unterhaltsam verpackt. Diogenes verkörperte die fleischgewordene Bedürfnislosigkeit und lebte vom Betteln, wobei er behauptete: »Ich fordere zurück.«

Manchmal bettelte er zum Erstaunen seiner Mitbürger nicht sie, sondern die Statuen der Stadt an. Als man ihn fragte, warum er das tue, die Steinfiguren könnten ihm doch gar nichts geben, sagte er lächelnd: »Ich übe mich im Nichtsbekommen.«

Einmal lief Diogenes am helllichten Tag mit einer Laterne über den Marktplatz von Athen. Als man fragte, was er in der prallen Sonne mit einer Laterne suche, sagte er: »Ich suche einen ehrlichen Menschen.«

Auf die Frage, was das Schönste auf der Welt sei, antwortete Diogenes: »Die freimütige Rede.« Und als er von Seeräubern gekidnappt und an den Korinther Xeniades verkauft wurde, nahm er das Unglück völlig gelassen. Von seinem neuen Herrn danach befragt, auf welche Arbeit er sich verstehe, antwortete Diogenes: »Menschen beherrschen«. Daraufhin machte ihn Xeniades zum Erzieher seiner Kinder. Das gefiel ihm so sehr, dass er es ablehnte, sich von seinen Athener Bewunderern freikaufen zu lassen.

Wegen seiner bissigen Bemerkungen und seiner Lebensform nach Art eines herrenlosen, streunenden Hundes gab ihm Aristoteles den freundschaftlichen Spitznamen »Kyon«, zu deutsch: Hund. Dieser Name ging auf alle Philosophen seines Schlages über, bis heute nennt man sie Zyniker. Diogenes selbst erfand die stolze Bezeichnung »Kosmopolit«, Weltbürger, für sich. Ein Wort, das ebenfalls noch heute gern für unabhängige Geister verwendet wird.

Als Alexander der Große den berühmten Philosophen zu einem Gespräch aufsuchte und fragte, was er für ihn tun könne, antwortete Diogenes: »Geh mir ein bisschen aus der Sonne, mein Sohn.« Der König antwortete: »Wäre ich nicht Alexander, so würde ich gerne du sein.«

Als einem der ersten Menschen der westlichen Welt dämmerte es Diogenes, dass Besitz belastet. Er wohnte in einer Tonne, die im Vorhof eines Tempels lag, ging barfuß, trug – als Symbol der Heimatlosigkeit – einen Wanderstab, hatte einen Rauschebart, einen Sack auf der Schulter, worin sein ganzes Hab und Gut war, und hüllte seine magere Gestalt in einen zerrissenen Mantel. Die betont unbürgerliche Aufmachung ließ Sokrates spotten: »Aus diesen Löchern guckt deine Eitelkeit heraus.« Doch Diogenes nahm es gelassen, denn für ihn war der wahrhaft freie Mensch von allem unabhängig: von der Meinung anderer ebenso wie von der Angst vor dem Tode.

* * *

Das ist jetzt der Punkt: Unabhängig von der Meinung anderer sein. Wer sich alles zu Herzen nimmt, was andere über einen sagen, wen die Meinung anderer über sich persönlich trifft, ist wahrhaftig arm dran. Denn was andere Menschen über einen denken, wie sie leben und handeln, hat mit einem selbst nichts zu tun. Wer den Meinungen anderer gegenüber immun ist, verringert seine Probleme in starker Weise.

DIE PHILOSOPHIE DER FREUDE

Eines der ältesten schriftlich überlieferten schlüssigen Konzepte, wie der Mensch den Zustand gleichbleibender Glücksstimmung erreichen kann, stammt von dem 341 v. Chr. auf der griechischen Insel Samos geborenen Philosophen Epikur. Er studierte beim Platoniker Pamphilos auf Samos, ging dann zum Demokriteer Nausiphanes nach Teos, lernte bei beiden die Grundlagen des damaligen Wissens und machte danach als kühler Realist und Naturwissenschaftler das sicher Mess- und Nachweisbare zur Basis seines Denkens.

Da er unermüdlich arbeitete, war er bald eine Art Universalgelehrter. Sein großes Wissen hielt er im Laufe seines 72-jährigen Lebens in über 300 Büchern fest: von der Elementarphysik bis zur Theologie. Mit 30 ging er nach Athen, das damalige Zentrum des Geisteslebens, und kaufte mit seinen Schülern ein großes Grundstück, auf dem sich außer Wohngebäuden und Gemeinschaftshäusern auch ein besonders schöner Garten befand. Daher hieß seine Studien- und Lebensgemeinschaft im Volksmund bald »Die Philosophen vom Garten«. Hier verwirklichte er sein Konzept über die Lebenskunst, denn als Mann der Praxis hielt er jedes Theoretisieren für unnützen Ballast. Die Physik und das gelehrte Wissen diene seiner Überzeugung nach zur Befreiung von traumatischen Ängsten. Als Lehrer verkündete er ein materialistisches Weltbild, womit er versuchte, die abergläubischen Vorstellungen seiner Zeitgenossen zu zerstören. Dass die Welt das Schöpfungswerk irgendwelcher Götter sei, hielt er für die Spekulation einer Priesterkaste. Er leugnete zwar nicht die Existenz göttlicher Wesen, war aber überzeugt, dass diese Glücklichen in harmonischen Sphären leben, ohne sich um den Menschen und dessen Probleme zu kümmern. Daher hielt er Gottesfurcht für überflüssig.

Auch die Angst vor dem Tode empfand er als unbegründet, da sich die Seele des Menschen – für ihn ein feines, luftähnliches Gebilde aus Atomen – nach dem Vergehen des Leibes in Nichts auflöst.

> *»Der Tod ist ein Nichts, denn was sich auflöst, hat die Empfindung verloren. Wenn man aber nichts mehr empfindet, hat es keine Bedeutung.«*

In Epikurs Anschauung ist das Leben nichts anderes als ein ständig von der Vergänglichkeit begleiteter Tanz der Atome. Das höchste Ziel des Menschen war für ihn daher die Lebenslust. Diese resultiert aus der guten Gesundheit des Körpers in Verbindung mit der vollkommenen Gelassenheit des Geistes, der unbeschwerten Fröhlichkeit der Seele und der Freiheit von Schmerzen. Diese Lebensform hielt er für das A und O des glücklichen Lebens, um die sich der kluge Mensch tagtäglich bemühen müsse: Das wahre Genießen. »Glücklich sein«, lautete seine Devise. Aber wie lebt man glücklich?

Indem man ein Leben im Verborgenen führt, fernab des Trubels der Welt, im Kreise lieber Freunde.

Wohlgemerkt: Es ging ihm nicht um zügelloses Schmausen und Trinken, nicht um Sexrausch oder Besitzbegeisterung. Im Gegenteil: Für Epikur ist jeder wahre Genuss einfach. »Man kann nicht in Freude leben, ohne vernünftig und und gerecht zu leben, aber auch umgekehrt kein vernünftiges, edles und gerechtes Leben führen, ohne in Freude zu leben ...«

> *»Viele, die zu Reichtum gelangt sind, gewannen kein Mittel gegen ihre Leiden, sondern nur den Wechsel zu noch größeren Qualen.«*
>
> **Epikur**

Die wahre Glückseligkeit resultiert für ihn aus der Genügsamkeit, der Reinheit des Handelns und der Gesinnung, der Bildung des Geistes, die »im Glück ein Schmuck, im Unglück eine Zufluchtsstätte« ist, und vor allem aus der heiteren Gemütsruhe, die er mit dem schönen bildhaften Ausdruck »galene«, die Meerstille der Seele, kennzeichnet – zusammengefasst in einer äußeren und inneren Bescheidenheit.

Das ängstliche Streben nach Sicherheit hielt er für eine Quelle ständigen Übels:

>»Sicherheit vor den Menschen lässt sich zwar bis zu einem
gewissen Grade durch Macht stützen und durch Reichtum
festigen, doch echter ist die, die das Leben in der Stille und
das Zurückziehen vor den Massen gewährt«.

Epikur war überzeugt, dass Unrecht tun unglücklicher mache
als Unrecht erleiden. Zudem dürfe ein kultivierter Mensch
nicht nur Böses nicht tun, sondern es nicht einmal in Gedanken erwägen. Jeder solle sich vor sich selbst mehr schämen
als vor anderen, und das Unrecht meiden, egal, ob niemand
oder jeder davon weiß: »Das Leben eines Gerechten wird am
wenigsten von Unruhe erschüttert, das des Ungerechten ist
von größter Unruhe erfüllt.«

Er empfahl, auch das, was einem Freude bereitet, sehr sorgfältig zu prüfen und auszuwählen, denn manches davon kann
die gelassene Heiterkeit stören. Sehr klug ist seine Überle-
gung zur Sexualität:

>»Ich habe gehört, dass dich der Kitzel im Fleisch übermäßig
zum Sex treibt. Wenn du magst, folge deinem Verlangen,
aber so, dass du dabei nicht gegen die Gesetze verstößt, den
Anstand verletzt, keinen dir Nahestehenden kränkst, deine
Gesundheit ruinierst und dein Vermögen nicht verschleu-
derst. Es ist allerdings sehr schwer, sich nicht zumindest in
eine der genannten Schwierigkeiten zu verstricken. Der
Liebesgenuss bringt ohnehin keinen Nutzen, ja man kann
sogar froh sein, wenn er nicht schadet.«

Eines der höchsten Güter des Menschen ist für ihn Freundschaft. Viele seiner Gedanken sind ihr gewidmet. Denn »die
Fähigkeit, Freundschaft zu gewinnen, ist unter allem, was die
Weisheit zum Glücklichsein beitragen kann, das bei weitem
Bedeutendste.« Wie wertvoll Freunde für ihn waren, geht aus
den letzten Tagen seines Lebens hervor, als er sagte, er über-
winde seine Schmerzen durch die Erinnerung an schöne Gespräche, die er mit Freunden geführt hat.

Entsprechend war Epikur überzeugt, dass wirklich glück -
lich nur derjenige lebe, der mit wenigem auskommen könne:
*»Viele, die zu Reichtum gelangt sind, gewannen kein Mittel gegen
ihre Leiden, sondern nur den Wechsel zu noch größeren Qualen.«*

Tatsächlich wird das auch heute von Menschen bestätigt,
die vom Reichtum überrascht wurden. Der österreichische
Popstar Falco klagte kurz vor seinem durch Drogen hervorge-
rufenen Unfalltod: »Mein ganzes Unglück begann mit dem
Geldverdienen.«

DER KÖNIGSWEG ZUM
GLÜCKLICHSEIN

Mit zu den ersten, die auf den Gedanken kamen, dass das Streben nach Erfolg, Besitz und äußerem Schein dem Menschen mehr schaden als nutzen könne, gehörte eine Gruppe griechischer Philosophen. Sie wurden nach der Stoa, einer Säulenhalle in Athen, wo sie lehrten, Stoiker genannt. Während die meisten anderen Philosophen wie Platon, Sokrates oder Epikur meinten, dass der Mensch frei ist, dass ihm alle Möglichkeiten offen stehen, und dass er sein Leben selbst gestalten kann, gingen die Stoiker vom Gegenteil aus. Sie sagten, dass man in Wirklichkeit nur sehr wenige Entscheidungsmöglichkeiten habe. Denn fast jeder steht unter dem Kommando von irgendwem, ist Sklave seiner eigenen Triebe, Leibeigener seiner Krankheiten oder Gefangener seiner Psychosen.

Kurzum: Die Stoiker meinten, der Mensch ist wahrscheinlich nicht frei. Nach ihrer Lehre ist der menschliche Leib ein Teil des Weltalls, die menschliche Seele ein Teil der göttlichen Weltseele. Wenn nun jeder Mensch, so folgern sie, irgendwie unfrei, Gott aber trotzdem ein Teil jeder Menschenseele ist, dann gibt es keinen Grund, über sein Schicksal zu jammern. Im Gegenteil: Jeder muss nur »seiner Natur gemäß« leben. Er muss aus seinen Anlagen etwas machen. Genauso, wie es im Film über »Forrest Gump« gezeigt wird. Forrest hat aufgrund seines geringen IQ eigentlich keine Chance in der leistungsorientierten Gesellschaft, aber er nutzt seine geringen Talente bravourös, weil er traumwandlerisch unbewusst dem Lebenskonzept der Stoiker folgt: Mache dich unabhängig! Erwarte nichts von anderen und stell dich auf deine eigenen Füße. Forrest Gump baut nur auf dem auf, was in seiner eigenen Macht liegt, macht sich um alles andere keine Sorgen und führt ein seiner Natur gemäßes, gutes Leben.

> **»Du kannst noch so oft an der Olive zupfen, sie wird deshalb nicht früher reif.«**
>
> *Toskanisches Sprichwort*

Das sagt sich natürlich leicht, doch nach diesem Grundsatz leben will gelernt sein. Einer, der es bewusst und kompromisslos tat, war Epiktet. Sein Schicksal ist so entsetzlich, dass Epiktet geradezu das Musterbeispiel für die erneuernde Kraft der stoischen Philosophie ist.

Was wir nicht haben, brauchen wir nicht –
Epiktet

Epiktet wurde im Kindesalter als Sklave an einen Offizier der Garde von Kaiser Nero verkauft. So kam er aus Kleinasien nach Rom. Obwohl seiner Kindheit, seiner Familie und seiner Freiheit beraubt, ertrug er sein Los mit heroischer Gelassenheit. Denn eines Tages hatte ihn jemand mit der Lehre des berühmten griechischen Philosophen Zenon und seiner Geistesverwandten bekannt gemacht. Kaum ist dem jungen Sklaven die Grundidee der Stoiker klar, beginnt er, seine neuen Erkenntnisse in die Tat umzusetzen. Es wird sein innerer Weg aus der Sklaverei in die Freiheit.

Als ihm eines Tages sein Herr heftig auf den Schenkel schlägt, unterdrückt Epiktet den Schmerzensschrei und sagt ruhig: »Du wirst mir das Bein zerschmettern.« Der Sklavenhalter, wütend über die Selbstbeherrschung seines Sklaven, gibt ihm einen stärkeren Schlag und zerschmettert ihm den Oberschenkelknochen, worauf der Verletzte völlig ruhig sagt: »Hab ich es dir nicht vorausgesagt?« Später wird Epiktet wegen seiner unbeugsamen Haltung ins Gefängnis geworfen und gefoltert.

Als er wieder herauskommt, ist er ein Krüppel und wird von seinem Herrn freigelassen, da ein verkrüppelter Sklave wertlos ist. Epiktet lebt weiter »seiner Natur gemäß« und beklagt sich nicht über sein schweres Schicksal. Im Gegenteil. Nun unterhält er in den Straßen Roms Müßiggänger mit seinen moralischen Weisheiten, die er so lebendig vorzutragen versteht, dass der freigelassene Sklave bald eine Attraktion ist.

Gebannt lauschen Arme und Reiche, Gebildete und Ungebildete seinen Vorträgen, die so bildhaft formuliert sind, dass ihm jeder folgen kann: »Was sagt euch Zeus? Zeus sagt: ... euer Leib gehört euch nicht, er ist nur eine raffinierte Mischung aus Tonerde. Ich habe euch einen Teil unserer Göttlichkeit verliehen, einen Funken unseres eigenen Feuers, die Macht zu handeln und die Macht, nicht zu handeln, den Willen, etwas zu erwerben, und den Willen, etwas zu vermeiden. Wenn ihr dies nicht in den Wind schlagt, werdet ihr nicht leiden, ihr werdet niemanden tadeln, ihr werdet niemandem schmeicheln.«

Als einer seiner Schüler fragt: »Wie sollen wir denn, jeder von uns, herausbekommen, was seinem Charakter entspricht?«, sagt der Philosoph: »Wie bekommt der Stier, wenn der Löwe ihn angreift, heraus, mit welchen Kräften er begabt ist? Wie der Stier wird der Mensch von edlem Wesen nicht ursprünglich edel. Er muss den Winter hindurch üben und sich bereitmachen und darf sich nicht leichtfertig an Dinge heranwagen, die ihn nicht betreffen.«

Das heißt, unternimm nichts über deine Kräfte hinaus, sondern wäge ab, welche Lasten du tragen kannst.

Einer seiner Zuhörer fragt ihn einmal: »Wie ist es möglich, dass ein Mensch, der nichts hat, der nackt ist, weder Heim noch Herd besitzt, der im Schmutz, ohne eine Stadt lebt, ein heiter beschauliches Leben führt?« Darauf sagt Epiktet: »Seht mich an. Ich habe kein Heim oder Eigentum. Ich schlafe auf dem nackten Boden, ich habe nur die Erde und den Himmel und nur einen einzigen erbärmlichen Mantel. Aber was fehlt mir? Hat mich je einer von euch mit traurigem Gesicht gesehen? Wie trete ich denen gegenüber, die ihr fürchtet und bewundert? Machen sie nicht vor mir Platz, als wäre ich ein König und Herr?« Tatsächlich beugt er sich vor niemandem. Nicht einmal, als der Kaiser ihm dafür mit dem Todesurteil droht. Entnervt vor soviel Gleichmut verbannt ihn Kaiser Domitian aus Rom. Epiktet starb 88jährig im Jahre 138 n. Chr. in Nikopolis in Nordgriechenland. Seine berühmten Aussprüche wurden von seinem Schüler Arianus gesammelt.

* * *

Die Philosophie der Stoiker, die lehrt, das Leben aus der Gelassenheit der Seele heraus zu gestalten, keine Kompromisse zu machen, nicht in den kleinsten Dingen käuflich zu sein, weil das Zwänge hervorruft, die einen in schwierige Situationen bringen können und sowieso als moralisch verwerflich abzulehnen sind, stimmt erstaunlich mit fernöstlichen

Weisheitslehren wie dem Zen-Buddhismus oder der Lebensphilosophie des Tao überein. Wie wir in einem vorangegangenen Abschnitt des Buches sahen, empfiehlt die Weisheit des Wu wei (»Nichthandeln«), vertrauensvoll in den Fluss des Lebens einzutauchen, für den Augenblick zu leben, sich nicht vor Sorgen um das Zukünftige verrückt zu machen, aus der inneren Ruhe zu handeln und gelassen zu warten, bis die Dinge reif sind. *Du kannst noch so oft an der Olive zupfen, sie wird deshalb nicht früher reif,* sagt ein toskanisches Sprichwort.

Epiktets Grundthese, worauf seine ganze praktische Lebensphilosophie aufbaut, lautet:

>*»Von den Dingen stehen die einen in unserer Macht, die anderen nicht. In unserer Macht steht unser Denken, unser Handeln, unser Begehren, unsere Ablehnung – also alles, was von uns selber kommt. Nicht in unserer Macht steht unser Körper, unser Besitz, unser Ansehen, unsere äußere Stellung – also alles, was nicht von uns selber kommt.«*

Das ist ein revolutionär neuer philosophischer Gedanke.

>*»Was in unserer Macht steht, ist von Natur frei, es kann nicht von außen gehindert oder gehemmt werden. Was nicht in unserer Macht steht, ist von außen anfällig, abhängig, unterliegt dem Einfluss fremder Hand und kann gehindert werden. Wenn du das für frei hältst, was in Wirklichkeit*

> **»Wenn du das für frei hältst, was in Wirklichkeit unfrei ist, und für dein eigen, was fremd ist, so wirst du große Schwierigkeiten haben ...«**
>
> **Epiktet**

unfrei ist, und für dein eigen, was fremd ist, so wirst du große Schwierigkeiten haben, Aufregung und Trauer, und du wirst mit Gott und allen Menschen hadern. Hältst du aber nur das Deine für dein eigen und Fremdes für das, was es ist: fremd und nicht von dir abhängig, so wird dich nie jemand zwingen, nie jemand dich hindern, du wirst nie jemandem Vorwürfe machen, nie jemand tadeln, nie etwas wider deinen Willen tun. Niemand wird dir schaden, denn du wirst keinen Feind haben – es gibt nichts, was dir schaden kann.

Wenn du so Großes anstrebst, sei dir klar: Es reicht nicht aus, ohne ganzen Einsatz darum zu kämpfen. Du musst auf manches für immer verzichten, auf anderes im Augenblick.

Wenn du jedoch daneben noch nach Ehrenpositionen und Reichtümern jagst, so wirst du wahrscheinlich, weil du beides haben willst, nicht einmal diese erlangen. Ganz sicher aber wirst du das verfehlen, wodurch allein Glück und innere Freiheit kommen.

Gewöhne dich jetzt, bei allem, wodurch du dich bedroht fühlst, zu sagen: Es ist nicht das, was es scheint, sondern *nur eine Illusion. Dann überprüfe anhand der obigen Regeln, besonders an der ersten, indem du fragst: Gehört es zu dem, was in meiner Macht steht, oder nicht? Und gehört es zu dem, was nicht in deiner Macht steht, so sage zu dir selber: Es geht mich nichts an und berührt mich nicht!«*

* * *

Das ist natürlich einleuchtend. Ein Unfall, und unser Körper leidet; ein Börsenkrach, und unser gesamtes Vermögen löst sich unter Umständen in Nichts auf; ein Wechsel der politischen Machtstruktur, und unser Ansehen schwindet; eine Firmenpleite, und der hochqualifizierte Vertriebschef des Unternehmens, gerade für ein Spitzengehalt als Hoffnungsträger eingestellt, sucht deprimiert beim Arbeitsamt nach einer neuen Stelle.

Es gibt keine Sicherheit. Zwei Drittel aller Westeuropäer glauben, die Unsicherheit in jedem Bereich wird zunehmen. Wer nach dem 2. Weltkrieg fleißig war, konnte sich auf einen gesicherten Wohlstand und eine sichere Rente verlassen. Der Glaube daran schwindet. Karriereplanung nach dem altbewährten Muster kann man vergessen. Was heute als sicherer Beruf gilt, ist morgen vielleicht vom Untergang bedroht. Das Leben wird immer unkalkulierbarer und komplizierter. Prognosen berühmter Experten erweisen sich als völlig falsch.

Die Angst vor der Zukunft ergreift sogar völlig solide Berufsgruppen wie Beamte. Die Sehnsucht nach dem Nullrisiko ist stärker denn je. Jeder klammert sich an dem fest, was er vermeintlich besitzt.

Die Angst vor dem Ungewissen setzt Körper, Seele und Geist permanent unter Stress. Paradoxerweise steigt das Bedürfnis nach Sicherheit, je größer sie vorhanden ist. Aber gibt es sie wirklich? Nein. Immer wieder geschieht das Unvorhersehbare – im Positiven wie im Negativen: Bill Gates, der Gründer des Softwareunternehmens Microsoft und einer der reichsten Männer der Welt, hat seinen Reichtum ein paar glücklichen Zufällen zu verdanken. Wenn der Weltkonzern IBM zu Zeiten, als er noch marktbeherrschend war, ein anderes als das Microsoft-Betriebssystem MS-DOS zum internationalen Standard erklärt hätte, dann wäre Bill Gates heute vermutlich ein durchschnittlich verdienender EDV-Berater oder würde wie die meisten seiner ehemaligen Mitstudenten von der Harvard-Universität eine kleine Softwarefirma leiten. Der Entscheidung von IBM verdankte Bill Gates neben seiner Tüchtigkeit dasselbe wie ein Wüstenscheich seiner Ölquelle – beide hatten schlichtweg Glück.

* * *

Geradezu unheimlich ist das Schicksal des schweizstämmigen **Johann August Sutter** (1803–1880). Fortuna, die schwankende Göttin des Glücks, spielte wirklich ein grausames Spiel mit ihm. Sutter erging es, wie inzwischen rund 40 000 deutschen Unternehmern jährlich: Nach gutem Start war plötzlich seine Firma in Baden insolvent und er über Nacht bankrott. Während seine Gläubiger Möbel und andere Wertgegenstände aus der Wohnung schleppten, wurde der gescheiterte Geschäftsmann als Dieb und Wechselfälscher beschimpft. Seine Frau und die drei kleinen Kinder sahen kreidebleich zu. Sein Geld war weg, die Firma kaputt, sein guter Ruf dahin. In der Kleinstadt und Umgebung war an einen Neubeginn nicht zu denken. Sutter lieh sich von einem Freund Geld, ging »eben mal Zigarettenholen« und verschwand heimlich nach New York.

Hier begann der 31-jährige ganz von vorn als Ladendiener, Drogeriewarenverkäufer und Kneipenbesitzer. Er lebte, durch die Pleite vorsichtig geworden, sparsam bis zum Geiz, sodass er sich nach ein paar Jahren eine kleine Farm in Missouri kaufen konnte. Das war gut für sein angekratztes Selbstbewusstsein, besonders, als es ihm gelang, nach ein paar weiteren Jahren die Farm mit Gewinn zu verkaufen. Mit dem Erlös zog er nach Kalifornien, damals wahrhaft ein Land der unbegrenzten Möglichkeiten. Dort kaufte er für einen Spottpreis rund 23 000 Hektar Land, beschäftigte Indianer und aus Hawaii geholte Gastarbeiter zur Kultivierung den Landes, ließ ein starkes Fort errichten, baute Bewässerungsanlagen, eine Mühle, eine Gerberei, eine Schnapsbrennerei sowie eine Schmiede und eine Wolldeckenfabrik. Er baute Straßen, legte Plantagen an und schmückte stolz sein kleines Fürs -

tentum mit dem Namen Neu-Helvetien. Aus dem ehemaligen Bankrotteur war ein steinreicher Großgrundbesitzer geworden.

Als die US-Amerikaner Kalifornien 1846 von den Mexikanern eroberten, machte er gute Miene zum bösen Spiel, selbst als General Frémont das von Sutter gebaute Fort mit amerikanischen Truppen besetzte. Nun, da das Gebiet zu den Vereinigten Staaten von Amerika gehörte, strömten Abenteurer, Spekulanten, Seeleute, Pelztierjäger und andere Geldgierige in sein blühendes Industriegebiet, um ihr Glück zu machen. Die Kapazität seiner Mühle reichte nicht mehr aus, um die vielen hungrigen Mäuler zu stopfen. Als der Mühlbach für eine größere Mühle gegraben wurde, stieß ein Arbeiter plötzlich auf eine Goldader.

Jetzt war der Teufel los. Die Nachricht verbreitete sich wie ein Lauffeuer. Sutters Arbeiter verließen ihre Arbeitsplätze, Cowboys, Trapper, Soldaten, Seeleute, Farmer, liegende Händler besetzten sein Land, wühlten seine Äcker um, verwüsteten seine Plantagen, plünderten seine Betriebe, schlachteten seine Schaf- und Rinderherden und bewohnten widerrechtlich seine Farmen und Häusern. Was Sutter in Jahren mühevoller Arbeit aufgebaut hatte, war in kurzer Zeit zerstört. Der Großgrundbesitzer stand fassungslos vor den Trümmern, war ein zweites Mal ruiniert und bettelarm. Nachdem er Kräfte gesammelt hatte, begann er zwei Jahre später einen Prozess gegen 17 220 Farmer und Goldgräber, die sich auf seinem Land niedergelassen hatten. Sutter klagte gegen den Staat, der ihn und sein Eigentum nicht geschützt hatte und forderte 25 Millionen Dollar (1850!) sowie seinen Anteil am gewonnenen Gold. Nach Jahren des Prozessierens gewann er gegen die Farmer und den Staat. Der oberste Gerichtshof der USA entschied zu seinen Gunsten und sprach ihm das Recht auf 100 Millionen Dollar Entschädigung zu. Kaum war das Urteil verkündet, erhob sich ein Sturm des Hasses und der Rachsucht gegen den rechtmäßigen Besitzer des Landes.

Sutters zweiter Sohn aus zweiter Ehe wurde ermordet, sein Wohnhaus durch Brandstifter abgefackelt und seine letzten Besitztümer gestohlen. Tausende Farmer widersetzten sich dem Urteil. Weil Sutter seines Lebens nicht mehr sicher war, flüchtete er mit seiner Familie und klagte zwanzig weitere Jahre auf Durchsetzung des Urteils – bis er völlig ruiniert war. Als den 77jährigen der Schlag traf, hatten seine Kinder weder das Geld noch den Mut, um weiter um ihr Recht zu kämpfen.

* * *

Diese beiden Beispiele vom Glück eines Bill Gates und vom Unglück eines Johann August Sutters stehen für Milliarden andere. Denn ständig bringen Zufälle und Schicksalsschläge uns in neue Situationen.

> *»Sage nie von einem Ding, ich habe es verloren, sondern: ich habe es zurückgegeben.«*
>
> **Epitket**

Epitkets Philosophie zufolge hat Sutter ein Schicksalsschlag getroffen und seine Habe vernichtet, etwas, worüber er in Wirklichkeit keine Macht hatte.

Denn Besitztümer sind immer bedroht. Epiktet sagt dazu: »Sage nie von einem Ding, ich habe es verloren, sondern: ich habe es zurückgegeben. … Dein Landgut wurde dir genommen: Also hast du auch dieses zurückgegeben. ›Aber der es mir nahm, ist ein schlechter Mensch!‹ Was geht dich an, durch wen es der Geber zurückfordert? Solange er dir's überlässt, betrachte es als ein fremdes, geliehenes Gut oder wie ein Reisender ein Gasthaus betrachtet.«

Was hat Sutter durch sein Prozessieren gewonnen? Nichts. Er hat seine wertvolle Lebenszeit, vergiftet von Hass, mit Klagen vertan. Sein Sohn wurde umgebracht, seine Familie lebte in ständiger Angst und er selbst ist verbittert gestorben.

Epiktet sagt: »*Verlange nicht, dass alles so geschieht, wie du es wünschst, sondern sei zufrieden, dass alles so geschieht, wie es geschieht, dann wirst du in Frieden leben.*«

Das Schicksal teilt jedem seine Rolle zu wie in einem Theaterstück. Jeder muss sie spielen, egal wie lang oder wie kurz sie ist. Der eine spielt Großgrundbesitzer, der andere Zahnarzt. Wenn ich den Wunsch habe, etwas zu verändern, so liegt es an mir. Doch es ist nicht sicher, ob ich das Ziel erreiche, denn immer wieder kann durch Zufall alles anders werden. Für den chinesischen Weisen Laotse »erachten die Himmel die Menschen als Heuhunde«. Damals bastelten die Chinesen Hunde aus Heu und positionierten sie als eine Art Sündenbock vor ihren Altar, um das Unglück abzuwehren. Nach dem Opfer für die Götter wurden die Heuhunde auf den Weg geworfen, um von Ochsenkarren, Pferden und Fußgängern zertrampelt zu werden.

Andererseits bezweifeln viele Menschen, ob es Zufälle überhaupt gibt. Die Stoiker, für die unsere Erde und das All vom Wesen des Göttlichen durchwoben ist, schließen ihrem Weltbild folgend konsequent jeden Zufall aus. Wobei sie betonen, dass wir Dinge nur aus dem Grund als zufällig betrachten, weil die wahren Ursachen für die Menschen nicht zu ergründen sind. Sehr schön definiert wird der Begriff Zufall im Deutschen Wörterbuch der Brüder Grimm: »Zufall ist das unberechenbare Geschehen, das sich unserer Vernunft und unserer Absicht entzieht.« Deshalb fürchten sich die Menschen so davor – außer, der Zufall kommt ihnen zugute. Auch Albert Einstein glaubte wie die Stoiker, alles auf dieser Welt sei vorherbestimmt und sagte: »Gott würfelt nicht.«

Ob Zufall oder Vorherbestimmung, auf jeden Fall passieren ständig für den Menschen unbegreifliche, nicht vorsehbare Dinge. Und da wir keinen Einfluss darauf haben, fordert

Epiktet den Einsichtigen auf, das Glück in sich selbst zu suchen. »Ein Ungebildeter erwartet keinen Nutzen oder Schaden von sich selber, sondern alles von außen. Der Philosoph erwartet allen Nutzen und allen Schaden von sich selber. Der Fortschreitende tadelt und lobt niemanden, schilt niemanden, macht niemandem Vorwürfe und spricht nicht über sich selber, als sei er etwas Besonderes oder wisse etwas Besonderes. Wird er durch irgendetwas gehindert oder gehemmt, so sieht er die Ursache in sich selbst. Lobt ihn jemand, so lächelt er bei sich selbst über den, der ihn lobt. Tadelt ihn jemand, so regt er sich nicht auf und geht nicht auf den Vorwurf ein. … Jede Begierde hat er aus seinem Wesen verbannt … Sein Wollen ist in allen Dingen ohne Leidenschaft und darum umso beständiger und fester. Erscheint er etwas verrückt und unwissend, so berührt es ihn nicht im Geringsten. Aber vor sich selber ist er auf der Hut wie vor einem Feind und Verräter.«

Eindringlich warnt er auch vor dem Neid. Denn wenn jemand Erfolg mit etwas gehabt hat, so stehen dahinter Mühen oder Demütigungen, und die Frage ist, ob man die auf sich nehmen möchte, um das Ziel zu erreichen:

> *Es ist dir ein anderer vorgezogen worden bei einem Essen, bei einer Begrüßung, bei einer Beratung. Ist das nun etwas Wertvolles, so musst du dich freuen, dass es jenem zuteil geworden ist. Sind es aber keine Güter, warum ärgerst du dich, dass du sie nicht erlangt hast. Überlege doch: Wenn du nicht denselben Einsatz bringst, um zu erlangen, was*

nicht in deiner Macht steht, so kannst du auch nicht auf
dasselbe Anspruch erheben. Denn wie kann einer, der
nicht in den Vorzimmern der Mächtigen antichambriert,
sich nicht in der Schar ihrer Kriecher und Lobredner be-
findet, nicht schmeichelt, keine Loblieder singt, wie kann
der dasselbe erreichen, wie der, der das alles tut? Du bist
ungerecht und überheblich, wenn du, ohne diese Dienste
erbringen zu wollen, die Gunst der Mächtigen umsonst
empfangen willst ...«

Talleyrand, der allmächtige Minister Napoleons musste sich
von diesem sagen lassen: »Sie sind Scheiße in Seidenstrümp-
fen.«

Epiktet zufolge ist man zugleich anmaßend und weltfremd,
wenn man die Ehre erlangen will, ohne etwas dafür zu bezahlen. »Hast du aber nichts anstatt der Einladung? Doch: Du
hast das Bewusstsein, dass du den nicht gelobt hast, den du
nicht loben wolltest, und du musst nicht vor ihm buckeln.«

Als König Archelaos Sokrates einlud, um seinen Reichtum
mit ihm zu teilen, ließ Sokrates dem König ausrichten: »In
Athen kosten vier Liter Gerstengraupen einen Obolus, und
die Brunnen spenden Wasser in Fülle.«

So klingt die Antwort eines freien Geistes.

Das ist in Grundzügen die Philosophie der Stoiker in der
Version des Epiktet. Wer diese Lehren beherzigt, ist auf dem
Weg zur inneren Freiheit und zum Glücklichsein.

Mut zum Risiko

Nun nützen natürlich alle klugen Erkenntnisse und Lebenshilfen der großen Weisen nichts, wenn man nicht bereit ist, den Wissensschatz für sich selbst konsequent zur Verbesserung seines Lebens anzuwenden. Denn was nützen tiefe Einsichten, wie: *Verbirg deinen Kummer! Rühme nicht zu laut dein Glück! Enthülle nicht die Schwächen deiner Mitmenschen! Interessiere dich für andere, wenn du willst, dass andere sich für dich interessieren!* – wenn man sie nicht tagtäglich in die Tat umsetzt? Ein besserer und damit glücklicherer Mensch wird man nur, wenn man ständig im Kleinen daran arbeitet.

Und manchmal ist auch, um sein Leben von Grund auf zu verändern, einfach eine Portion Mut erforderlich. Wie der Volksmund sagt, ist ein Ende mit Schrecken besser als ein Schrecken ohne Ende. Manchmal muss man eine Situation hinter sich lassen, wenn sie beginnt, die Seele zu zerstören. Angst frisst die Seele auf, sagt der indianische Medizinmann Lame Deer. Diese große Portion Mut, um seine schlechten Gewohnheiten zu ändern, seinen ungeliebten Beruf aufzugeben oder eine quälende Partnerschaft zu beenden, muss man aufbringen, um einen besseren Lebensweg einschlagen zu können. Jemand, der mutig alles hinter sich gelassen hat, um frei zu werden und in heiterer Gelassenheit zu leben, war Gautama Buddha.

Die Heiterkeit der Seele –
Gautama Buddha

Eigentlich hieß er **Siddharta Gautama** oder Siddhatta
Gotama und wurde um 560 v. Chr. in Lumbini (bei Pa-
deria, Nepal, nahe der Grenze zu Indien) geboren, er
starb um 480 v. Chr. bei Kushinagara (heute Kasia, bei
Gorakhpur). Der Religionsgründer schuf mit seiner Lehre von den »vier edlen Wahrheiten« die theoretische
Grundlage für den Buddhismus.

Gautamas Vater Suddhodana herrschte über ein kleines Fürstentum an den Hängen des Himalaya. Da die
politischen Verhältnisse stabil waren, wuchs der Junge
auf wie ein Märchenprinz: Er spazierte philosophierend
durch die sonnige Welt von Gärten und Hainen, ergötzte
sich an Hetzjagden, spielte Schach, dichtete und sang.
Mit 19 wurde er mit einer schönen Verwandten verheiratet. Doch statt sein Leben zu genießen, kam er sich
plötzlich wie ein saturierter Spießbürger vor. »Kann es
der Sinn des Lebens sein, jeden Tag zum Feiertag zu
machen?«, fragte er sich.

Während der Schwangerschaft seiner Frau traf er
eines Tages bei der Jagd auf einen wandernden Asketen,
einen Mann, der nach strengen Regeln lebte und auf Be-
haglichkeit verzichtete, weil jedes Glück von Unsicherheit bedroht und alles vergänglich sei. Plötzlich überkam

den jungen Gautama eine Erleuchtung: Auch er wollte arm sein und schlicht leben wie der Asket. In diesem Moment wurde ihm die Nachricht überbracht, dass seine Frau einen Sohn geboren hatte. Er stöhnte auf: »Eine neue Fessel, die es zu zerbrechen gilt.« Die Geburt des kleinen Prinzen wurde groß gefeiert, in der Nacht jedoch erwachte der junge Vater in wilder Verzweiflung, küsste seine schlafende Frau und sein Kind, stieg aufs Pferd und ritt im Mondschein gen Süden. An einem Fluss schnitt sich Gautama mit dem Schwert seine wehenden Locken ab, entledigte sich seines Schmuckes, schickte alles, samt Pferd, durch seinen Diener nach Hause und ging zu Fuß weiter. Unterwegs tauschte er mit einem zerlumpten Bettler die Kleider. Nun fühlte er sich frei, um nach der Weisheit zu suchen.

Bei Einsiedlern, die in den Höhlen der Vindhya-Berge wohnten, lernte Gautama die Kunst der Metaphysik.

Doch sein scharfer Verstand war mit den gebotenen Lösungen nicht zufrieden. Seine Lehrer glaubten, dass Erkenntnis und Wissen nur durch Fasten, Schlafentzug und Selbstkasteiung erlangt werden können. Gautama versuchte, den Nutzen der strengen Askese zu ergründen, und gab sich den schrecklichsten Selbstquälereien hin. Er taumelte und wurde ohnmächtig – und erkannte im Erwachen, dass jede wirkliche Erkenntnis am besten mit Hilfe eines richtig ernährten Gehirns und eines gesunden, ausgeruhten Körpers erreicht wird. Wenn der

Geist nach der Lösung eines Problems sucht, schreitet er Stufe um Stufe empor bis zur plötzlichen Erleuchtung.

Im Wildpark des Königs von Benares errichtete Gautama mit seinen Jüngern Hütten. Es wurde eine Art Schule für Menschen, die nach Weisheit streben. Gautamas Lehre ist klar und einfach: Solange der Mensch nicht seine persönlichen Begierden überwindet, ist sein Leben Mühsal, Qual und am Ende Trauer. Wer sich selbst besiegt, ist frei und erreicht die Heiterkeit der Seele, das höchste aller Güter. Darum empfahl er seinen Anhängern die Nächstenliebe, auch gegenüber Tieren. Er forderte sie auf, nicht zu töten, zu stehlen, zu lügen, unkeusch zu leben, keine berauschenden Getränke zu sich zu nehmen, unbegrenzt freigiebig zu sein, Besitz zu verachten und der Jagd nach Erfolg zu entsagen.

Die Reaktion war phänomenal. Als er mit 80 Jahren starb, breitete sich seine Lehre rasch über das ganze Land aus. Um den Menschen Gautama webte sich ein Teppich phantastischer Legenden, die ihn innerhalb von wenigen

> *»Ganz gleich, wie beschwerlich das Gestern war, stets kannst du im Heute von neuem beginnen.«*
>
> **Buddha**

Jahren zu jenem Halbgott machten, der bis heute von vielen Millionen Gläubigen verehrt wird. Gautamas Ehrename Buddha bedeutet »Der Erleuchtete«.

* * *

Kann man als Angehöriger der modernen Industriegesellschaft so konsequent alles hinter sich lassen wie Gautama?

* * *

Nichts haben, viel sein –

Heidemarie Schwermer

Eine, die 1996 ihr Leben radikal änderte, ist **Heidemarie Schwermer**. Die 1942 in Memel geborene Lehrerin und Psychologin (und Mutter), gab mit 54 Jahren alle Sicherheit auf, gründete die »Gib-und-Nimm-Zentrale«, und lebt seitdem ohne Geld. Ohne Geld wie Diogenes, Buddha oder die heilige Maria von Ägypten in ihrer Wüstenhöhle.

Heidemarie verschenkte nach ihrem Entschluss ihre Möbel, gab ihre Wohnung und ihre therapeutische Praxis auf und kündigte ihre Krankenversicherung. Seitdem wohnt sie in Häusern und Wohnungen von Menschen, die auf Reisen sind. Was sie zum Leben braucht, tauscht sie sich über die Tauschzentrale ein. Und als sie ihre unkonventionelle neue Lebensform nach einem Jahr analysierte, stellte sie fest, dass ihr Leben durch die vielen intensiven Kontakte zu ihren Mitmenschen reicher geworden war. Auch Begriffe wie Arbeit, Freizeit und Urlaub bekamen völlig neue Bedeutungen. Stress und Hektik waren aus ihrem Leben verschwunden. Seitdem fühlt sie sich glücklich.

Heidemarie Schwermer nennt ihre Lebensform »Das Sterntaler-Experiment« (so auch der Titel ihres Buches, das in mehrere Sprachen übersetzt wurde). Sie lebt vor, wie man auch in unserer Zeit erkennt, dass »die Wege von Haben und Sein nicht deckungsgleich verlaufen müssen«. Ihr Motto lautet: »Nichts haben, viel sein«. Und offenbar bekommt ihr die neue Art zu leben sehr gut, denn sie fühlt sich nicht nur glücklich, sondern sieht auch glücklich aus.

* * *

Nun ist nicht jeder psychisch so strukturiert wie Gautama oder Heidemarie Schwermer, dass er/sie alles, was ihn/sie bedrückt, schlagartig hinter sich lassen kann. Aber auch Mut lässt sich erlernen. Und bei vielen Dingen, die einem Angst machen, ist die nach der Lehre des Wu wei empfohlene Technik des ruhigen Beobachtens der misslichen Situation bereits der erste Schritt zur Bewältigung des Problems. Äsop bringt in einer schönen Fabel über die Angst und wie man mit ihr umgeht auf den Punkt: Ein Fuchs, der noch nie einen Löwen gesehen hatte, geriet, als er zufällig einem begegnete, so sehr in Furcht, dass es ihn beinahe das Leben gekostet hätte. Als er ihn später zum zweiten Mal sah, fürchtete er sich zwar immer noch, doch nicht mehr so wie das erste Mal. Beim dritten Mal wuchs sein Mut so, dass er sich ihm näherte und eine Unterhaltung mit ihm begann. Die Fabel lehrt, dass die Gewohnheit einen auch vor furchtbaren Dingen standhalten lässt.

Statt wegzulaufen oder den Kopf in den Sand zu stecken, hat sich der Fuchs zwar zunächst zitternd und zagend dem Löwen genähert, aber bereits bei der dritten Begegnung steht er mit dem Unheimlichen auf gutem Fuße. Ich glaube, besser und knapper als Äsop kann man das Problem der Angst, und wie man sich davon befreien kann nicht darstellen.

DURCH BESCHEIDENHEIT
ZUM GLÜCK

Wie die vielen Beispiele in diesem Buch zeigen, ist die Grundvoraussetzung zum Glücklichsein die genügsame Lebensweise. Dass Geld, Besitz oder Macht nicht automatisch glücklichen machen, dürfte jedem Leser nach der Lektüre deutlich sein. Der amerikanische Psychologe David G. Myers sagt in seinem Buch »The Pursuit of Happiness«, dass Glücklichsein auf vier positiven Charakterzügen basiert: auf großem Selbstwertgefühl, Optimismus, offenem Wesen und starkem Glauben an die eigene Fähigkeit, sein Umfeld zu verstehen und zu meistern. Damit sind die Strahlemänner porträtiert, die Siegertypen, denen sowieso immer alle Herzen zufliegen und denen das meiste gelingt.

Aber was ist mit uns, den anderen, für die das Leben keine Party ist, die ihre Angst bekämpfen, ihre Erfolge erkämpfen, ihre eigenen Zweifel überwinden, ihre Mitmenschen von sich überzeugen müssen und gar nicht so optimistisch in die Welt schauen, weil das Leben zunächst doch, wie für Arthur Schopenhauer auch, als »missliche Sache« erscheint?

Wohlbefinden und Glücklichsein haben ebenso viel mit Askese bzw. Übung zu tun. Und so, wie man sein körperliches Erscheinungsbild und damit sein Selbstwertgefühl durch Körpertraining verbessern kann, so kann man sein psychisches

> *»Es gibt keinen Weg zum Glück, Glück ist der Weg.«*
>
> **Buddha**

Selbstbild positiv verändern. Ein herzliches Umfeld aus verständiger Familie, guten Freunden und einer harmonische Ehe helfen bereits, wenn man wieder einmal vom Chef gedemütigt wurde. Seltsamerweise zeigt Myers Untersuchung, dass Wohlbefinden und Glücklichsein kaum durch äußere Erfolge wie Karrieresprünge beeinflusst werden. Finanzieller Erfolg, so stark er auch herbeigesehnt wurde, führt z. B. nicht zur »Steigerung des Glücksgefühls«. Der Lottogewinner leistet sich im Gewinnrausch einen Porsche, gibt seinen Beruf auf, zieht in eine Villa und reist für ein Jahr um die Welt. Aber wenn er zurückkommt, ist er genauso unzufrieden wie zuvor. Nur diesmal mit viel Geld, und dieses Geld verunsichert ihn zutiefst. Ständig quält ihn die Frage: Habe ich denn so viele gute Freunde, weil ich Geld habe? Liebt meine Freundin mich oder mein Geld?

Wohlbefinden und Glücklichsein sind, laut Myers Untersuchungen, positiv zu beeinflussen durch folgende Hinweise:

1. Wenn Erwachsene ermuntert werden, sich so zu verhalten und so zu reden, als ob sie tatsächlich glücklich, optimistisch, positiv gestimmt und völlig klar und gefasst seien, dann beginnen sie ihre neutrale oder negative Grundeinstellung zu verändern und schärfen ihren Sinn für Wohlgefühl und Glücksempfinden.

2. Wer es schafft, in der Gegenwart zu leben und jeden Augenblick genießt, egal, was sich auch in anderen Sphären des Lebens abspielt, oder wie bedrohlich die Zukunft erscheinen mag, erfährt wahre Zufriedenheit.

3. Wer an allem, was er tut, Freude hat, besonders aber an seiner Berufsarbeit und vollkommen darin aufgeht, fördert seine Begabungen und damit seine Freude am Schaffen.

4. Wichtig ist, seinen Sinn für Organisation zu entwickeln und einen Zeitplan zu erstellen, worin kleine Ziele gesetzt werden. Sobald sie erreicht sind, strebt man automatisch die großen, wichtigen Ziele des Lebens an und wird auch diese erreichen. Dadurch gewinnt man Selbstvertrauen.

5. Körperliche Gesundheit resultiert aus gesunder Ernährung und regelmäßigem Training. Wer seinen Körper pflegt und fit hält, ist dem Glücklichsein näher als ein

Stubenhocker, der bewegungslos vor dem Fernseher dahinvegetiert.

6. Sei dankbar mit dem, was du besitzt und geleistet hast. Andere haben weniger als du. Und sich mit Reicheren zu vergleichen, deprimiert einen, denn auch der Superreiche hat jemanden, den er beneidet: Sei es um dessen gelungene Kinder oder um die lebenslustigere Frau.

7. Wer Zeit und Liebe in Freundschaft und familiäre Beziehungen investiert, dem strömt Liebe und Zuneigung hundertfach zurück. Was ist Geld im Vergleich zu treuen Freunden?

8. Wem bewusst wird, dass das Leben nicht nur aus materiellen Gütern, sondern auch aus geistigen und spirituellen besteht, eben jenen, welche die Stoiker die alles durchdringende Weltseele nennen oder Christen ihren Glauben an die Erlösung durch Jesus Christus, der ist eingebettet in ein immaterielles Netz der Sicherheit.

Die Fliege, der Hahn und die Maus –
St. Columban

Zum Schluss, eine Geschichte über den heiligen Columban (521–597), dem neben Sankt Patrick berühmtesten
Heiligen Irlands. Er gründete einunddreißig Klöster in
Irland und nach seiner Verbannung gründete er im Jahre
562 in Schottland eine Schule der Gelehrsamkeit.

Mochua und der heilige Columban waren Zeitgenossen. Mochua lebte als armer Eremit in der Einöde. Er
besaß keine weltlichen Güter außer einem Hahn, einer
Maus und einer Fliege. Das Amt des Hahnes bestand
darin, ihm die Stunde des Morgengebetes zu verkünden.
Die Maus hatte dafür zu sorgen, dass er nie, weder bei
Tag noch bei Nacht, länger als fünf Stunden schlief.
Denn wenn er, erschöpft von den Hymnen und kniend
dargebrachten Gebeten, die Lust verspürte, ein wenig
länger zu schlafen, dann biss ihm die Maus zart ins Ohr,
bis sie ihn geweckt hatte. Die Fliege hatte die Aufgabe,
an jeder Zeile seines Psalters entlang zu laufen, während
er las. Wenn er beim Singen der Psalmen müde wurde,
verharrte die Fliege stets auf der Zeile, wo er den Gesang
unterbrochen hatte, so lange, bis er sich wieder der frommen Tätigkeit widmen konnte.

Nun geschah es, dass diese drei Köstlichen starben.
Daraufhin schrieb Mochua an den heiligen Columban

in Alba einen Brief, worin er den Tod seiner kleinen Schar beklagte. Der heilige Columban antwortete ihm mit diesen Worten: »Mein Bruder, wundere dich nicht darüber, dass deine Herde dir weggestorben ist, denn immer lauert das Unglück darauf, die Reichen heimzusuchen.«

ANHANG

GANZ PRAKTISCHE
BESCHEIDENHEITSTIPPS
FÜR DEN ALLTAG

1.

Sparsamkeit ist allein schon eine große Einkommensquelle

Diese Weisheit des römischen Philosophen Seneca ist bis heute gültig und vielleicht wichtiger denn je. Denn durch Kreditkarte oder Bankkarte fließt das Geld nicht einmal mehr durch die Finger, sondern unsichtbar davon. Mein Freund Gerald zahlt immer nur bar. Denn 200 Euro per Klick auszugeben ist etwas anderes, als 200 Euro bar an der Kasse: Dann sieht und fühlt man nämlich, wie das schwer verdiente Geld in Sekundenschnelle weniger wird. So überlegt man zweimal, ob man die fünfte Krawatte oder das dritte Paar Schuhe überhaupt braucht.

Zahlen Sie immer nur bar.
Damit bewahren Sie die Kontrolle über Ihr Geld.

2.

Kochen ist die Kunst, Seele, Geist und Leib harmonisch miteinander zu verbinden

Kochen zwingt zur genauen Planung, zum Einkauf gesunder Lebensmittel, zum ökonomischen Einsatz der Zutaten auch unter ökologischen Gesichtspunkten, zur Ausgewogenheit der Zutaten untereinander, zur geschmackvollen Präsentation auf dem Esstisch. Wer täglich kocht, trainiert Harmonie, Stilgefühl und Wohlbefinden. Als ich H. C. Artmann fragte, wie er als armer Poet in den 50er und 60er Jahren in der Schweiz oder Paris leben konnte, sagte er: »Du kannst überall leben, wenn du selber kochst.« Ich kann zuhause edle Mahlzeiten zubereiten, die im Restaurant das Zwanzigfache kosten. Die Zutaten für einen Topf Linsensuppe für eine ganze Familie plus zwei Gäste kosten z. B. insgesamt nicht mehr als einen Euro. Meine Faustregel lautet:

*Ein Essen sollte pro Nase
nicht mehr als einen Euro kosten.*

3.

**Wer mit seinem Los zufrieden ist,
ist reich.**

Sokrates

Tatsächlich kann man sehr gut reduziert leben,
ohne Luxus und Konsum einschränken zu müssen.
Wie? Ganz einfach. Man halbiert seine Kosten.
»Und wie soll ich das machen?«, höre ich manchen
Leser aufstöhnen. Ganz einfach, indem Sie zum
Beispiel Ihre Garderobe im Winter- bzw. Sommer-
schlussverkauf besorgen. Die Mode wechselt ja so
schnell, dass es nur bei Managern oder Karriere-
damen wichtig ist, nach dem letzten Schrei geklei-
det zu sein. Außerdem sollte man auf Qualität Wert
legen. Ich trage einen wunderbar gearbeiteten 38
Jahre alten Mantel, einen Klassiker, der den Stür-
men des Lebens standhält.

*Mode kommt und geht,
Qualität bleibt
und stärkt das Selbstbewusstsein.*

4.

Auf großem Fuße leben

– ist teuer. Menschen, die ständigen Kaufzwang verspüren, kaufen natürlich auch großzügig Socken. Socken sind im Vergleich zu Schuhen billig, aber im Laufe der Jahre trotzdem ein großer Posten, denn alles summiert sich. Zudem gehen Socken hin und wieder auf mysteriöse Weise verloren. Ein kluger Mensch kauft im Ausverkauf gleich ein Dutzend seiner Lieblingsmarke oder -Farbe. Wenn ein Socke verschwindet, hat man immer einen in Reserve.

Sparsamkeit beginnt
bei Strümpfen und Socken,
wie der schöne Begriff Sparstrumpf zeigt.

5.

Reisen kostet Geld, doch man sieht die Welt

heißt es in einem Sprichwort. Um die Kosten auf langen Bahn- und Autofahrten zu reduzieren, empfiehlt es sich, fertige Brote, Gemüse, Obst, Nüsse oder Kuchen, sowie Wasser oder Kaffee bzw. Tee in einer Thermoskanne mitzunehmen. Zuhause zubereiteter Reiseproviant ist gesünder, schmeckt besser und ist in jedem Fall wesentlich billiger. Tupperware hält die Nahrung frisch und sorgt für appetitliche Verpackung beim Transport. Auf einem Parkplatz mit einem Tischtuch und Servietten genossen, schmeckt es fast so gut wie daheim, und auch im Zug ist das stilvolle Tafeln ein kleines Fest. Alleine dadurch, wenn man sich vorstellt, dass ein Kaffee 2,70 Euro kostet oder eine simple Erbensuppe nicht unter 10,00 Euro zu bekommen ist.

Der Reiseprofi zieht
mitgebrachte Hausmannskost
teurem Speisewagen- und Raststättenessen vor.

6.

Am Schuh erkennt man den Mann von Welt

– und die Frau sowieso. Auf unseren Füßen müssen wir ein Leben lang laufen. Also sollten wir ihnen dankbar sein und sie hin und wieder mit guten Schuhen verwöhnen. Nun sind Schuhe teuer, und je billiger sie sind, umso teurer werden sie letztendlich, denn ein billiger Schuh verliert eher einen Absatz, hat schlechte Nähte, zweitklassiges Leder und wenig robuste Sohlen. Die Dame bzw. der Mann von Welt kauft bei Schuhen erste Qualität, denn solch ein Schuh kann, bei guter Pflege, jahrelang getragen werden. Qualitätsschuhe kauft man kostenbewusst im Ausverkauf oder ersteht sie im Outlet. Wer seinem Geldbeutel eine Freude machen will, putzt seine Schuhe regelmäßig, wechselt sie häufig, lässt sie frühzeitig reparieren und spannt sie jeden Abend liebevoll auf den Schuhspanner.

Ein gepflegter Schuh sieht nicht nur gut aus, sondern hält lange und ist eine Wohltat für Fuß und Auge.

7.

Geteiltes Essen, doppelte Freude

Mein Freund Peter Lengauer und ich trafen uns bei der *Nordsee* zum Mittagessen. Da Peter vor nicht langer Zeit gefrühstückt hatte, entschied er sich für eine halbe Portion Fischpfanne mit Reis, ich, weil ich hungrig war, für eine ganze Portion. Beide Portionen wirkten auf den Tellern nicht sehr unterschiedlich groß. Als wir an der Kasse den Geschäftsführer fragten, worin der Unterschied läge, sagte dieser humorvoll: »Im Preis.« Seit dieser Zeit nehmen wir jeder nur eine halbe Portion und diesem Prinzip des Halbierens folgen wir konsequent in anderen Restaurants, indem wir stets eine Mahlzeit mit zwei Tellern bestellen. Wir werden jedes Mal zum halben Preis satt.

Das Essenteilen reduziert nicht nur den Preis, sondern auch Bauchgewölbe und Hüftengold.

8.

Haarelassen auf lukrative Art

Albert Einstein hatte die Einfachheit zum Lebensprinzip erhoben. »Zwei Seifen sind mir zu kompliziert«, meinte er zum Beispiel, wenn sich jemand darüber wunderte, dass er dieselbe Seife zum Waschen und Rasieren benutzte. Auch der Friseurbesuch war für ihn zu kompliziert, deshalb flatterte seine Künstlermähne fröhlich im Wind. Wenn Einsteins Mähne zu üppig wurde, stutzte seine Frau sie auf ein zivilisiertes Maß zurecht. Günstiges Haareschneiden bekommt man übrigens in vielen Städten bei den Friseurschulen. Es kann zwar ein wenig dauern, bis man die Frisöre seines Traumschnitts gefunden hat, aber irgendwann ist man zufrieden. Und außerdem: Bei den geringen Preisen kann man durch ein höheres Trinkgeld die Leistung steigern.

So clever kommen frohe Sparer
zu einem günstigen Haarschnitt.

9.

Ein netter Zug der Bahn

– ist das Angebot preisgünstiger Kontingente, z. B. von Wien nach Hamburg oder Mailand. Vorrausschauende Planer können dadurch z. B. eine Zugfahrt für 29 Euro nach Hamburg buchen. Billiger, schneller und bequemer reisen ist fast nicht möglich.

Wer früh genug eine Zugfahrt bucht, bekommt das Hotelzimmer günstig dazu.

10.

Das Fifty-Fifty-Prinzip

– kann der Sparefroh auf viele Bereiche übertragen. Wer bewusst nur die Hälfte seiner Kosmetik, des Waschpulvers oder des Geschirrspülmittels verwendet, wundert sich, wie lange die Vorräte reichen, sprich, wie klug er plötzlich wirtschaftet. Wer im Wirtshaus sich zu einem Glas Wein statt teuren Mineralwassers ein Leitungswasser servieren lässt, vermindert die Rechnung. Zudem sollte man auch in Deutschland oder Österreich nicht zu üppig mit Trinkgeldern um sich verwerfen. In den USA sind 15 bis 20 % die Regel, weil Taxifahrer oder Kellner hauptsächlich ihr Einkommen daraus beziehen. Also dort zu knausern, grenzt an Ausbeutung. Wer die Klorolle vor dem Gebrauch zusammendrückt, spart ebenfalls die Hälfte, denn dadurch holpert die Rolle von Blatt zu Blatt.

*Auf diese Weise
halbieren sie ihre Ausgaben.*

11.

Der Zahn der Zeit nagt auch am Gebiss

Darum sollte der Sparbewusste in diesem Bereich auf keinen Fall sparen. Zahnärzte und -techniker verdienen sich goldene Nasen an kaputten Zähnen. Also sollte man zusehen, dass das Gebiss möglichst lange jugendfrisch bleibt. Und wie macht man das? Durch tägliches gründliches Putzen, gesunde Ernährung und jährliche Kontrolle. Wer kiloweise Süßigkeiten in sich hineinschlingt und eine Packung Zigaretten nach der anderen raucht, muss sich über Zahnruinen und chronisch entzündetes Zahnfleisch nicht wundern.

Gesundheitsbewusste Sparefrohs
zeigen ihrem Zahnarzt lachend die Zähne.

12.

Kleine Geschenke erhalten die Freundschaft

– heißt eine kluge Volksweisheit. Yorick Hunting-hall, ein welterfahrener Engländer erzählte mir, dass er Menschen, die ihm geholfen oder sonst einen Dienst geleistet hatten, nicht mit einem Trinkgeld abspeise, sondern sie mit kleinen Geschenken er-freue. »Das wird mehr geschätzt als Geld«, sagte er. »Ein kleines Geschenk ist etwas Greifbares, an das man sich erinnert«. Ich habe inzwischen ebenfalls die Erfahrung gemacht. Um immer etwas Passendes zu Hand zu haben, kaufe ich gute Flaschen Wein im Sonderangebot, besondere Bücher oder Schokola-den, wo ich sie gerade im günstigen Angebot ent-decke. So gerät man nicht in Stress und spart Zeit und Geld.

Es geht bei Geschenken nicht so sehr darum,
wie wertvoll sie sind,
sondern ob sie von Herzen kommen.

13.

Das Beste ist das Wasser

– sagt der griechische Dichter Pindar. Und er wusste damals nicht, wie kostbar es heute sein würde. Der Preis für Trinkwasser steigt von Jahr zu Jahr und er wird immer teurer werden. Trotzdem gehen die meisten Menschen völlig sorglos damit um, denn es fließt ja auf Wunsch aus der Leitung. Ökologisch Bewusste sparen Wasser schon aus dem Verantwortungsgefühl heraus, weil es immer wertvoller wird. Wer, statt täglich ein Bad zu nehmen, nur kurz duscht, beim Zähneputzen oder Rasieren den Wasserhahn zudreht und sich wassersparende Wasch- und Geschirrspülmaschinen anschafft, der wird bei der Jahresabrechnung eine erfreuliche Entdeckung machen.

Wassersparen lohnt sich.

14.

Bequemlichkeit ist eine Tugend

Wir sitzen gerne in einem bequemen Sessel, lieben bequeme Kleidung, wohnen gerne in einer bequemen Wohnung. Bequem bedeutet: Ohne Mühe benutzbar, das Leichte liebend oder auch keine Unannehmlichkeiten verursachend. Wer bequem lebt, lebt entspannt. Bequem ist es auch, unangenehme Dinge auf morgen zu verschieben, sofern es sich dabei nicht um Finanzamt- oder Gerichtsdinge handelt. Denn das könnte unangenehm werden. Bequem ist es zum Beispiel auch, einmal nicht zum Einkaufen eilen zu müssen oder einen Stadtbummel ausfallen zu lassen, der meist nicht entspannend ist und auf jeden Fall immer Geld kostet. Lesen Sie stattdessen ein schönes Buch und trinken Sie dazu gemütlich eine Tasse Kaffee oder ein Glas Wein.

Wer mehr Zeit gemütlich zuhause verbringt, spart erstaunlich viel Geld und gewinnt kostbare Stunden für sich selbst.

Große
Lebensweisheiten
in kleinen
Büchern

MICHAEL KORTH
Auch das geht vorbei
Das Mantra der Gelassenheit
€ [D] 7,99
€ [A] 8,30 / sFr 12,90
ISBN 978-3-548-74523-7

Das Mantra der Gelassenheit beeinflusst seit
rund 2300 Jahren Menschen positiv. Es
fokussiert die Energie der Gedanken, die in
diesem Buch wirksam werden und verändert
jeden, der sie in sich aufnimmt – mit
durchschlagender Wirkung.

Traubisoda für Dich und mich!

Sonnengereifte Trauben
und frisches Quellwasser
verleihen Traubisoda den
einzigartigen, fruchtigen
Geschmack.

Traubisoda kellerkalt.
Unser Kultgetränk seit 1930.

www.traubisoda.at